Cláusula *No Waiver* no Direito Brasileiro

Cláusula *No Waiver* no Direito Brasileiro

2023

Gabriela Barcellos Scalco

ALMEDINA

CLÁUSULA *NO WAIVER* NO DIREITO BRASILEIRO
© Almedina, 2023
AUTOR: GABRIELA BARCELLOS SCALCO

DIRETOR ALMEDINA BRASIL: Rodrigo Mentz
EDITORA JURÍDICA: Manuella Santos de Castro
EDITOR DE DESENVOLVIMENTO: Aurélio Cesar Nogueira
ASSISTENTES EDITORIAIS: Letícia Gabriella Batista e Tacila da Silva Souza
ESTAGIÁRIA DE PRODUÇÃO: Natasha Oliveira

DIAGRAMAÇÃO: Almedina
DESIGN DE CAPA: Roberta Bassanetto

ISBN: 9786556279800
Novembro, 2023

Dados Internacionais de Catalogação na Publicação (CIP)
(Câmara Brasileira do Livro, SP, Brasil)

Scalco, Gabriela Barcellos
Cláusula no waiver no direito brasileiro /
Gabriela Barcellos Scalco. -- São Paulo : Almedina,
2023.

ISBN 978-65-5627-980-0

1. Cláusulas (Direito) 2. Contratos (Direito
civil) – Brasil 3. Indenização (Direito civil)
I. Título.

23-170202 CDU347.44(81)

Índices para catálogo sistemático:

1. Brasil : Contratos : Direito civil 347.44(81)
Eliane de Freitas Leite – Bibliotecária – CRB 8/8415

Coleção IDiP
Coordenador Científico: Francisco Paulo De Crescenzo Marino

Este livro segue as regras do novo Acordo Ortográfico da Língua Portuguesa (1990).

EDITORA: Almedina Brasil
Rua José Maria Lisboa, 860, Conj.131 e 132, Jardim Paulista | 01423-001 São Paulo | Brasil
www.almedina.com.br

AGRADECIMENTOS

Cabe, inicialmente, agradecer. Uma das definições de dicionário da palavra *agradecer* insiste que o verbo significa *compensar de maneira equivalente, retribuir.* Infelizmente, estou certa de que não é possível, com meros agradecimentos, "compensar de maneira equivalente" a todos os que me auxiliaram e apoiaram ao longo do processo de escrita de minha dissertação, que se tornou este livro.

Agradeço, antes de qualquer outro, ao Pietro, pelas discussões intermináveis, pelas revisões atentas, por acordar todas as manhãs antes do necessário apenas para me dar o apoio que eu precisava na escrita de minha dissertação.

Agradeço à minha orientadora, Professora Lisiane, pela verdadeira orientação, no sentido real da palavra, assim como aos membros da banca de qualificação, Professores Vera Fradera e Luis Renato Ferreira da Silva, e de defesa, Professora Giovana Benetti e Professor Francisco Marino, pelas contribuições inestimáveis.

Agradeço àqueles que me incentivaram a publicar este trabalho, nas pessoas de Gustavo Haical, Professora Judith Martins-Costa e José Emílio Nunes Pinto.

Agradeço aos meus colegas de trabalho pelo apoio. Não seria possível passar por um mestrado sem a compreensão de todos, mas em especial do Vinicius, Guilherme, Filipe e Rafaela.

Agradeço à minha família, em especial à minha mãe e ao meu padrasto, carinhosamente conhecido por "Pooh", por me ensinar a dar valor à educação e a ter gosto pelo estudo. Crescer com a minha mãe estudando para seu próprio mestrado e sendo reconhecida como uma grande professora de seus residentes com certeza é um dos motivos que incentiva minha paixão pela academia.

E, por fim, mas não menos importante, agradeço aos meus amigos, em especial aos integrantes do grupo "Bezudos", pelos momentos de descontração durante a escrita.

APRESENTAÇÃO

Foi com enorme honra e alegria que recebi o convite de Gabriela Barcellos Scalco para que fizesse a apresentação de seu livro oriundo de sua Dissertação de Mestrado na Faculdade de Direito da Universidade Federal do Rio Grande do Sul. Não deixaria jamais de aceitar esse honroso convite posto que sou um entusiasta dos bons trabalhos escritos por jovens de talento. E o caso de Gabriela insere-se nesse critério.

O leitor deve estar se perguntando por que motivo eu, que não integro a Academia e nela me inspiro para meus estudos e atualização, fui convidado para essa tarefa tão agradável. Vou contar-lhes a origem desse convite.

O meu primeiro contato com a Dissertação de Gabriela surgiu no curso de uma conversa telefônica com minha amiga Judith Martins Costa. Judith conduz com bastante competência e criatividade o Instituto de Estudos Culturalistas – IEC – do qual é Presidente e que tem sua sede integrada em biblioteca com acervo incomparável, tudo na aprazível cidade de Canela, na serra gaúcha.

O IEC promoveria um evento para apresentação de duas dissertações e duas teses, todas elas da lavra de mulheres talentosas. Uma das dissertações era justamente a de Gabriela. Fui então convidado por Judith para que me juntasse aos demais participantes do evento e aceitasse comentar e discutir com Gabriela aspectos e questões surgidas de sua Dissertação.

Não se tratava de inquirição, no estilo daquelas típicas de bancas universitárias que buscam desafiar as afirmações e conhecimentos do Mestrando. Ao chegar ao IEC, as dissertações já haviam sido examinadas e as autoras aprovadas segundo os critérios da Universidade.

No evento do IEC, busca-se, após leitura cuidadosa, trazer comentários sobre o trabalho como um todo e, ainda e sempre que possível, fazer reflexões que possam enriquecer o produto final. No meu caso, dou prioridade a contribuir para que o trabalho acadêmico faça sentido e traga material importante para os operadores do Direito. A Dissertação fará sentido na medida em que traga ao leitor elementos para aprimoramento na estruturação de negócios jurídicos entabulados pelas partes.

A Dissertação de Gabriela é um trabalho de fôlego e traz à discussão e reflexão, em sua essência, a questão relativa à transposição de fórmulas consagradas em direito anglo-saxão para o mundo da família romano-germânica. E Gabriela o faz com muita competência e extrema acuidade.

Em meus comentários, fi-la saber que achava que ela havia sido extremamente parcimoniosa (e por que não se dizer mesmo "econômica") ao atribuir o título ao seu trabalho. A trajetória que fez para demonstrar a sua tese acabou desaguando num estudo bastante completo de institutos de Direito Civil. Talvez ela devesse, afirmei eu pretensiosamente, buscar um título que fosse mais amplo e abrangente. Não há nisso qualquer construção antagônica. A cláusula por si só é um pequeno pedaço, independentemente das consequências relevantes que dela defluem quanto à discussão da tese a demonstrar, o que a torna ampla. Entretanto, o seu caráter analítico faz com que seja igualmente abrangente no sentido de contemplar todos os aspectos relevantes.

Como no jogo de dardos, o alvo central a que se impôs Gabriela foi o de saber se a cláusula denominada de "*no waiver*" era válida e eficaz no Direito pátrio. Nada obstante, para poder atingir o alvo central, Gabriela teve que passar pelo teste árduo de acertar seus dardos nos alvos concêntricos e que a levariam dos círculos mais externos finalmente a seu objetivo.

Tudo isso para dizer que a Dissertação de Gabriela é rica em detalhes. Ela não se eximiu de esmiuçar princípios do Direito Civil, espancando dúvidas, para que, ao final, pudesse apor o C.Q.D. (referindo-me ao "Como Queríamos Demonstrar" utilizado nas provas matemáticas) na apresentação de sua tese, além de enriquecer o conhecimento dos leitores, permitindo que eles com ela concordem ou discordem. Isso pouco importará. Discordar faz parte da atividade intelectual e acadêmica por intermédio de ideias que se contrapõem. O que realmente conta é poder discutir e trocar opiniões para que se progrida cientificamente.

Mas o que mais se pode afirmar é que Gabriela colocou sobre a mesa o seu cacife intelectual, o produto de sua reflexão e uma revisitação aos institutos e princípios do Direito Civil. Discordar? Pode-se sempre. Mas

Gabriela marcou o seu terreno e trouxe à lume a sua sólida fundamentação. Que venham argumentos que indiquem, no todo ou em parte, o contrário; não basta, no entanto, se opor. Requer-se que haja paridade de armas nesse desafio, ou seja, argumentos sólidos contra argumentos não menos sólidos. Do contrário, estaremos diante de uma oposição frívola e incapaz de ombrear-se com o que nos propõe a tese central da Dissertação. E esse exercício será, sem dúvida alguma, de grande utilidade para a evolução nesse patamar do pensamento jurídico.

Uma palavra final. Os que me conhecem sabem bastante bem que eu não tenho qualquer tipo de fobia em utilizar termos em língua estrangeira, o que resolvo colocando a palavra em itálico e/ou entre aspas. No entanto, sugeri a Gabriela que ao invés de se referir somente a *no waiver*, adotasse igualmente a expressão em vernáculo, a meu ver muito bem adaptada, de cláusula de tolerância. Não restará, assim, qualquer dúvida quanto ao que se trata para aqueles que não estejam afeitos a cláusulas dessa natureza em sua prática hodierna.

Desejo que o leitor desfrute do mesmo prazer que tive em acompanhar a trajetória de Gabriela na demonstração de sua tese e que, ao final, dê a ela o crédito por haver desembaraçado mais um caso em que a transposição de uma cláusula típica de direito estrangeiro se adequa e é recepcionada por nosso Direito.

São Paulo, inverno de 2023
José Emilio Nunes Pinto

PREFÁCIO

É fenômeno recente no âmbito acadêmico e editorial brasileiro, o tratamento monográfico de cláusulas contratuais formuladas na *common law,* assim sendo decorrência do protagonismo do *homos economicus* – é dizer, a pessoa que contrata – no universo globalizado[1]. Com a consequente interdependência jurídica e econômica entre os países, é inelutável que modelos jurídicos estrangeiros circulem, dialoguem, se adaptem, preponderando neste processo o modelo anglo-saxão.

Nem todos os trabalhos que se ocupam dessa temática, resultantes de dissertações e de teses, estão, no entanto, atentos a proceder a diferenciação - necessariamente muito cuidadosa –, entre os sistemas jurídicos receptor e remetente. Alguns, mesmerizados por sinonímias meramente fonéticas, repristinam o que a doutrina estrangeira expõe em seu *habitat,* forçando a fórceps o nascimento de uma figura oriunda da *common law* em um sistema jurídico cuja história, cultura, estrutura e método são diversos, como o nosso.

Esse não é, felizmente, um equívoco encontrado no livro de Gabriela Scalco, resultante de sua dissertação de mestrado[2], que tenho a alegria de prefaciar. A autora realiza uma *acomodação crítica* da cláusula de *no waiver* ao Direito contratual brasileiro, não incorrendo em nenhum dos pecados que os comparatistas costumam apontar: mimetismo, anacronismo, deslumbra-

[1] GROSSI, Paolo. *De la codificación a la globalización del derecho.* Traduzido por Rafael D. García Pérez. Navarra: Thomson Reuters, 2010, p. 383.

[2] SCALCO, Gabriela Barcellos. *Cláusula de Tolerância ("No Waiver") no Direito Brasileiro.* Dissertação de Mestrado. Orientadora: Professora Lisiane Feiten Wingert Ody. Faculdade de Direito da Universidade Federal do Rio Grande do Sul. Porto Alegre, 2022.

mento, contrabando entre valor facial e valor semântico das palavras, ingênuo apagamento do meio ambiente sistemático, funcional e estrutural. Pelo contrário, traça as conexões funcionais, para demonstrar que a cláusula *no waiver* tem, no sistema de origem, a função de garantir maior segurança jurídica em relações contratuais e evitar a incidência de figuras como *promissory estoppel* e *waiver by election*[3].

Consciente das diferenças entre os sistemas, o pano de fundo do trabalho de Gabriela Scalco é a compreensão da compatibilidade entre cláusula *no waiver* num sistema diverso do seu *locus* originário, como o brasileiro. A perspectiva adotada se volta ao tracejamento das diferenças entre os sistemas, objeto da Primeira Parte, na qual aponta à ingenuidade dos que defendem a ideia de um contrato autossuficiente, de uma disciplina contratual delineada exclusivamente *ex voluntate*.

Nosso sistema tem um cardápio variado de normas imperativas e dispositivas que traçam o quadro no qual se desenvolvem, normativamente, as relações jurídicas contratuais. Difere, pois, já na partida, do modelo jurídico da *common law*, carente de um *corpus* legislativo dotado de centralidade e de injuntividade similares ao encontrado no Código Civil brasileiro. Naquele, diante da ausência de *regras legais supletivas* que possam preencher, quando necessário, o que as partes deixaram de disciplinar, cada contrato resta acrescido por detalhamentos de cuja necessidade entre nós não é preciso cogitar.

Essas distinções se projetam na interpretação contratual. No direito brasileiro – diferentemente do que ocorre no direito norte-americano – os tribunais podem, com base na Lei, "impedir o exercício de um direito quando o comportamento anterior da parte houver criado legítimas expectativas de que esse direito não seria exercido"[4], ainda que as partes tenham ajustado uma cláusula *no waiver*. E essa diferença estrutural – que é,a rigor, fundamentalmente, cultural – afeta a interpretação, a validade e a eficácia de cada um dos particulares institutos, de cada figura, dentre elas a cláusula *no waiver*. Com fluidez, Gabriela Scalco demonstra, ao tratar das característi-

[3] SCALCO, Gabriela Barcellos. *Cláusula de tolerância ("no waiver") no direito brasileiro*. 2022, p. 108.

[4] SCALCO, Gabriela Barcellos. *Cláusula de tolerância ("no waiver") no direito brasileiro*. 2022, p. 49.

cas dos regimes de *civil law*, conhecer não só institutos do direito brasileiro, mas também outras experiências, como do direito contratual germânico.

Essa cuidadosa diferenciação entre os sistemas jurídicos em comparação permite a exitosa delimitação do regime jurídico regente das relações contratuais que utilizam a cláusula *no waiver* em nossa experiência jurídica. Aplainado o caminho, enfrenta as dificuldades: quais seriam as possibilidades técnicas para a sua acomodação? A via das modificações tácitas do negócio jurídico? A função corretora do princípio da boa-fé objetiva?

Essas perguntas são respondidas na Segunda Parte do trabalho, quando, já então munida com as bases metodológicas comparatistas, a Autora realiza a compatibilização da cláusula *no waiver* no direito brasileiro.

Para tanto, inicia pela análise do papel e do espaço da autonomia privada e sua limitação pelo princípio da boa-fé objetiva. Essa tensão entre dois dos princípios reitores da inteira disciplina contratual se refletirá, quer nas modificações tácitas do negócio jurídico, quer na função corretora da boa-fé objetiva, chegando à conclusão de ser válida a cláusula *no waiver*. Conclui, assim, com fundamento no princípio da atipicidade contratual, decorrente do princípio da autonomia privada e da autorregulação dos próprios interesses (sua expressão no plano negocial) ser a cláusula *prima facie*, válida e eficaz.

Todavia, o seu uso poderá ser abusivo. Nesse caso quais as soluções em vista?

Também dessas se ocupa Grabriela Scalco, *forte* na cláusula geral da ilicitude no exercício jurídico prevista no art. 187 do Código Civil, a demonstrar a atenção da Autora aos problemas práticos envolvidos pelo uso da cláusula *no waiver*. Trabalha, neste ponto, o *corpus* doutrinário já sólido acerca do princípio da boa-fé entre nós, transcursos vinte anos da vigência do Código Civil que o positivou com valência geral para todas as relações interprivadas. E, tendo respeitosamente lido e refletido sobre o trabalho alheio, busca formular o seu próprio pensamento, expondo, fundamentadamente as suas própria conclusões, o que é virtude a festejar.

Por essa brevíssima apreciação, bem poderá o leitor perceber que a pesquisa é séria, o trabalho é cientificamente comprometido e a análise é atenta aos dados normativos do entorno que cercará, nos casos concretos, a cláusula *no waiver*.

Por todos esses motivos, recomendo com entusiasmo a leitura das páginas que a este seguem, pois aqui o leitor encontrará não só o regime jurídico aplicável à cláusula *no waiver* ao direito brasileiro, como também aprenderá lições valiosas para compreender as questões, nunca singelas, envolvidas na circulação internacional de modelos jurídicos, razão pela qual, quando defendida academicamente, a pesquisa recebeu fundados elogios de ilustre banca examinadora[5].

JUDITH MARTINS-COSTA

[5] A Banca foi formada pelos Professores Véra Maria Jacob de Fradera, da Faculdade de Direito da UFRGS; Francisco Paulo de Crescenzo Marino, da Faculdade de Direito da USP;e Giovana Benetti, da Faculdade de Direito da UFRGS.

SUMÁRIO

INTRODUÇÃO

O Direito tem uma natureza cultural própria[6], a qual tem como consequência a diversidade dos Direitos através das fronteiras e dos países ao redor do globo[7]. O fundamento para tal diversidade está justamente na variabilidade de todas as manifestações da cultura humana[8]. Não se trata apenas de diferenças com base em técnica jurídica, mas sim de razões mais profundas, de índole histórica, filosófica e ideológica[9].

[6] É o culturalismo, adotado pelo Código Civil de 2002 que encerra o direito dentro de cada sociedade, afirmando ser o direito algo próprio de cada cultura. Sobre o tema, ver: FRADERA, Vera. A teoria geral dos contratos após 18 anos de vigência do Código Civil brasileiro: um retrospecto e algumas previsões para o futuro. *In*: BENETTI, Giovana *et al* (org.). **Direito, Cultura, Método**: leituras da obra de Judith Martins-Costa. Rio de Janeiro: GZ, 2019, p. 922-936, p. 924. Miguel Reale afirma que, apesar de não ser dito que os membros da Comissão Revisora e Elaboradora do Código Civil fossem todos culturalistas, estes participavam, de maneira geral, da compreensão do Direito como *experiência cultural*, subordinada aos princípios ético-sociais. (REALE, Miguel. Prefácio. *In*: MARTINS-COSTA, Judith; BRANCO, Gerson. **Diretrizes Teóricas do Novo Código Civil Brasileiro**. São Paulo; Saraiva, 2002, p. IX-XI, p. XI).

[7] VICENTE, Dário Moura. Autonomia Privada e Direito Comparado: os diferentes significados. *In*: MARTINS-COSTA, Judith (coord.). **Conversa sobre Autonomia Privada**. Canela: Instituto de Estudos Culturalistas, 2015, p. 160.

[8] VICENTE, Dário Moura. Autonomia Privada e Direito Comparado: os diferentes significados. *In*: MARTINS-COSTA, Judith (coord.). **Conversa sobre Autonomia Privada**. Canela: Instituto de Estudos Culturalistas, 2015, p. 160.

[9] VICENTE, Dário Moura. **Direito Comparado**, v. II. Lisboa: Almedina, 2017, p. 358.

A construção da normatividade não é feita por meio da criação de novas leis, mas sim de uma base fática, segundo valores preexistentes[10]. Tal concepção é defendida pela teoria tridimensional do direito, de Miguel Reale, segundo a qual não existe uma separação absoluta entre fatos, valores e normas, tendo em vista que as normas correspondem a atos de decisão e escolha entre os valores da experiência humana[11]. Ou seja, a promulgação de uma nova lei não cria nada de novo – em verdade, a lei acaba por ser impulsionada por fatos e tendo por base valores, determinando, assim, o comportamento humano[12].

As diferenças entre os ordenamentos jurídicos de cada país, existentes por conta justamente dessa natureza cultural e tridimensional do direito, tornam-se cada vez mais objeto de estudo dos juristas. Isso porque os desenvolvimentos tecnológicos têm tornado os países mais próximos, desbancando quase por completo o antes existente isolamento nacional[13]. Essa aproximação entre os sistemas jurídicos pode vir a fundamentar certas inovações jurídicas, mas também pode ser fonte de preocupação, em especial no que se refere à conformação ao direito local dos modelos jurídicos provenientes de ordenamentos estrangeiros, que atravessam fronteiras e passam a ser utilizados a despeito das diferenças entre os sistemas jurídicos, em fenômeno denominado de *circulação de modelos jurídicos*[14].

Para os estudiosos de direito comparado, a primeira divisão e diferenciação entre sistemas e famílias do direito que vem à mente é a que divide os países de *Civil Law*, identificados principalmente como a família romano-germânica e sistemas derivados, e os países da família de *Common Law*, identificados principalmente através do estudo dos

[10] MARTINS-COSTA, Judith; BRANCO, Gerson. **Diretrizes Teóricas do Novo Código Civil Brasileiro**. São Paulo; Saraiva, 2002, p. 27.

[11] MARTINS-COSTA, Judith; BRANCO, Gerson. **Diretrizes Teóricas do Novo Código Civil Brasileiro**. São Paulo; Saraiva, 2002, p. 27.

[12] MARTINS-COSTA, Judith; BRANCO, Gerson. **Diretrizes Teóricas do Novo Código Civil Brasileiro**. São Paulo; Saraiva, 2002, p. 27.

[13] ZWEIGERT, Konrad; KÖTZ, Hein. **An Introduction to Comparative Law**. Trad. Tony Weir. New York: Oxford, 1998, p. 3.

[14] SACCO, Rodolfo. **Introdução ao Direito Comparado**. Trad. Véra Jacob de Fradera. São Paulo: Revista dos Tribunais, 2011, p. 43.

ordenamentos inglês e norte-americano[15]. Essas são as duas famílias mais recorrentemente representadas no estudo de direito comparado. É muito comum que se aponte como principal diferença entre as duas famílias a importância que a lei possui na estrutura do ordenamento[16]. Há, contudo, diferenças em diversos aspectos, destacando-se dentre eles, por exemplo, a forma de pensar dos juristas, a organização do Judiciário, os *standards* probatórios e a estabilidade das regras[17].

Por muito tempo, os juristas de tradição de *Civil Law* acreditavam ser impensável até mesmo realizar a comparação de institutos entre essas duas famílias dada a diferença inconciliável entre elas, quanto mais a circulação de modelos jurídicos advindos do *Common Law*. Em justificativa, apontava-se em especial as diferenças expressivas entre os dois sistemas, a falta de conhecimento dos modelos ingleses e americanos e a crença de suposta superioridade da racionalidade do seu sistema sobre o empirismo do direito anglo-saxão[18].

Depois da Segunda Guerra Mundial, a situação mudou de figura, com a impressão difundida de que as instituições britânicas e americanas teriam sido mais "eficientes" em proteger os valores liberais e democráticos do que as instituições da Europa continental[19]. Assim, pode-se dizer que a década de 1950 marca o fim do isolamento em relação aos países de *Civil Law* e o início do prestígio dos sistemas de *Common Law*[20]. Nesse momento, também se percebe a perda da rigidez da divisão/ separação entre os sistemas, passando-se inclusive a compreender que essa rigidez, por meio da qual se diferenciava o *Civil Law* do *Common Law*, era muito baseada em uma visão romanista e civilista do direito, já que,

15 DAVID, René; JAUFFRET-SPINOSI, Camille; GORÉ, Marie. **Les grands systèmes de droit contemporains**. 12ª ed. Paris: Dalloz, 2016, p. 17-19.

16 DAVID, René; JAUFFRET-SPINOSI, Camille; GORÉ, Marie. **Les grands systèmes de droit contemporains**. 12ª ed. Paris: Dalloz, 2016, p. 19.

17 DAVID, René; JAUFFRET-SPINOSI, Camille; GORÉ, Marie. **Les grands systèmes de droit contemporains**. 12ª ed. Paris: Dalloz, 2016, p. 241.

18 SACCO, Rodolfo. **Introdução ao Direito Comparado**. Trad. Véra Jacob de Fradera. São Paulo: Revista dos Tribunais, 2011, p. 295.

19 SACCO, Rodolfo. **Introdução ao Direito Comparado**. Trad. Véra Jacob de Fradera. São Paulo: Revista dos Tribunais, 2011, p. 295-296.

20 SACCO, Rodolfo. **Introdução ao Direito Comparado**. Trad. Véra Jacob de Fradera. São Paulo: Revista dos Tribunais, 2011, p. 296.

no direito público, poderia se mencionar mais semelhanças entre Alemanha e Estados Unidos do que entre Alemanha e França[21].

O mundo atual é cada vez mais um mundo de conexão jurídica internacional, o qual impõe aproximações, comparações e confrontos entre os diferentes ordenamentos jurídicos[22]. Os blocos políticos juntam famílias de direitos diferentes, proporcionando uma "mistura" entre os sistemas tradicionais[23]. A proximidade dos países causada pela inovação tecnológica também acelera a influência que os ordenamentos produzem um no outro, buscando muitas vezes os juristas por soluções importadas do direito estrangeiro para a solução de novos problemas. Esse relevante tráfego jurídico no mundo globalizado alça, portanto, a comparação jurídica à disciplina fundamental, operacionalizando as relações entre indivíduos sujeitos a diferentes ordenamentos jurídicos[24].

Essa aproximação com o *Common Law* também é notada no Brasil, principalmente após a vigência do Código Civil de 2002[25], em virtude da maior abertura de soluções jurídicas aos juízes, por meio das cláusulas gerais, e da necessidade, ou possibilidade, de se adotarem recursos que garantam maior segurança aos jurisdicionados, como o precedente[26]. Da mesma forma, a recepção no Brasil de instrumentos de legislação uniforme, como é o caso da CISG, traz mudanças à cultura contratual

[21] ANCEL, Marc. **Utilidade e Métodos do Direito Comparado**. Trad. Sérgio Porto. Porto Alegre: Sérgio Antônio Fabril Editor, 1980, p. 129.

[22] ANCEL, Marc. **Utilidade e Métodos do Direito Comparado**. Trad. Sérgio Porto. Porto Alegre: Sérgio Antônio Fabril Editor, 1980, p. 128.

[23] ANCEL, Marc. **Utilidade e Métodos do Direito Comparado**. Trad. Sérgio Porto. Porto Alegre: Sérgio Antônio Fabril Editor, 1980, p. 128.

[24] ODY, Lisiane Feiten Wingert. Direito e Linguagem. *In*: ODY, Lisiane Feiten Wingert (org.). **Direito Comparado Alemanha-Brasil**: temas de direito privado em estudos originais e traduzidos. Porto Alegre: Faculdade de Direito da UFRGS, 2022, p. 9-20, p. 11.

[25] BRASIL. **Lei nº 10.406, de 10 de janeiro de 2002.** Institui o Código Civil. Brasília, DF: Presidência da República, [2002]. Disponível em: http://www.planalto.gov.br/ccivil_03/leis/2002/l10406.htm. Acesso em: 23 jun. 2022.

[26] Por mais que as cláusulas gerais em si não tenham origem no *common law*, a sua existência leva à necessidade de outras formas de garantir segurança aos jurisdicionados, como o precedente. Sobre o tema, ver: FRADERA, Vera. A teoria geral dos contratos após 18 anos de vigência do Código Civil brasileiro: um retrospecto e algumas previsões para o futuro. *In*: BENETTI, Giovana *et al* (org.). **Direito, Cultura, Método**: leituras da obra de Judith Martins-Costa. Rio de Janeiro: GZ, 2019, p. 922-936, p. 931.

civilista, como é o caso das soluções nela inspiradas, como o dever de mitigar o dano e a interpretação do contrato conforme as práticas das partes[27].

A aproximação e a diversidade entre os ordenamentos é a motivação por trás da importância da ciência e, mais especificamente, da disciplina do direito comparado nas universidades, pois é por meio dessa que se busca estudar as diferentes culturas jurídicas e as distintas soluções dos ordenamentos jurídicos para problemas comuns[28]. Apesar da natureza e aspectos utilitários da ciência comparatista, esse aspecto não é essencial para que se legitime esse ramo da ciência[29]. Em verdade, entende-se que a finalidade do direito comparado deve ser o conhecimento dos outros direitos e não as benemerências sociais que deles se pode extrair[30].

Não há, contudo, como se negar que são inúmeras as utilidades que se pode extrair do direito comparado, como os esforços de unificação e harmonização do direito, a busca por soluções jurídicas, a compreensão das origens dos institutos jurídicos, entre outros[31]. Apesar de sua relevância a disciplina até hoje não parece ocupar lugar de destaque nos currículos das universidades brasileiras.

O direito dos contratos é um campo em que a diversidade de soluções jurídicas entre ordenamentos estrangeiros prospera, em especial por conta do usual amplo espaço dado à autonomia privada e, muitas vezes, o estudo e uso costumeiro dessas diversas soluções permite o desenvolvimento saudável do direito nacional. Como elementos em que o regime do contrato difere nos diferentes ordenamentos jurídicos, pode-se mencionar, por exemplo, os seus requisitos de existência,

[27] FRADERA, Vera. A teoria geral dos contratos após 18 anos de vigência do Código Civil brasileiro: um retrospecto e algumas previsões para o futuro. *In*: BENETTI, Giovana *et al* (org.). **Direito, Cultura, Método**: leituras da obra de Judith Martins-Costa. Rio de Janeiro: GZ, 2019, p. 922-936, p. 933.

[28] ZWEIGERT, Konrad; KÖTZ, Hein. **An Introduction to Comparative Law**. Trad. Tony Weir. New York: Oxford, 1998, p. 4.

[29] SACCO, Rodolfo. **Introdução ao Direito Comparado**. Trad. Véra Jacob de Fradera. São Paulo: Revista dos Tribunais, 2011, p. 27.

[30] SACCO, Rodolfo. **Introdução ao Direito Comparado**. Trad. Véra Jacob de Fradera. São Paulo: Revista dos Tribunais, 2011, p. 27

[31] DAVID, René; JAUFFRET-SPINOSI, Camille; GORÉ, Marie. **Les grands systèmes de droit contemporains**. 12ª ed. Paris: Dalloz, 2016, p. 09.

o regime de sua formação, a forma a que se encontra sujeito, a eficácia de condições gerais de contratação, regras de interpretação e integração, vícios da vontade, efeitos em relação às partes e terceiros, admissibilidade de controle judicial, entre muitos outros[32]. Tais diferenças acabam por levar à identificação de que, a depender do ordenamento jurídico, podem existir conceitos de contrato muito diferentes entre si, muito embora o contrato seja uma figura de âmbito universal[33].

As diferenças no regime do contrato nos diversos sistemas jurídicos também são o motivo pelo qual diferente peso é dado a diversos princípios contratuais, como é o caso da autonomia privada, da tutela da confiança e da função social. Como esclarecido por Enzo Roppo, o contrato e o direito dos contratos assumem papéis e funções diversas de acordo com os variados contextos em que se inserem, sendo que a doutrina sobre o assunto muitas vezes pode vir a ocultar e distorcer a realidade a fim de transmitir uma ou outra determinada ideologia[34].

É certo dizer que o contrato é um instrumento por meio do qual se pode realizar escolhas individuais voluntariamente assumidas, mas ele não é somente isso. O contrato também é fator de consolidação e criação de expectativas e um mecanismo por meio do qual as sociedades disciplinam as trocas de bens e serviços, assegurando sua conformidade com as concepções de justiça nelas prevalecentes[35]. Os efeitos jurídicos de um contrato podem ser explicados sob qualquer uma dessas perspectivas, as quais são adotadas por diferentes ordenamentos jurídicos, a depender da concepção ideológica e histórica que permeia o conceito de contrato em cada jurisdição[36].

Assim, dependendo da concepção jurídica de cada sistema sobre os fundamentos da eficácia contratual, haverá uma diferente concepção

[32] O levante desses elementos é feito por VICENTE, Dário Moura. **Direito Comparado**, v. II. Lisboa: Almedina, 2017.

[33] VICENTE, Dário Moura. **Direito Comparado**, v. II. Lisboa: Almedina, 2017, p. 35

[34] ROPPO, Enzo. **O Contrato**. Trad. Ana Coimbra e Manuel Januário da Costa Gomes. Coimbra: Almedina, 2009, p. 30.

[35] VICENTE, Dário Moura. **Direito Comparado**, v. II. Lisboa: Almedina, 2017, p. 335.

[36] VICENTE, Dário Moura. **Direito Comparado**, v. II. Lisboa: Almedina, 2017, p. 335.

e um diferente significado de autonomia privada[37]. Por conta disso, faz-se necessário estudar o contexto institucional, histórico e filosófico de cada sistema jurídico para que a comparação jurídica de um tema específico seja possível[38]. Neste livro, tal estudo será feito apenas sob a perspectiva dos contratos paritários, considerando que a declaração de vontade das partes ao pactuar a cláusula foi válida, consciente e eficaz.

As diferenças entre os contratos dos sistemas de *Common Law* e *Civil Law* têm por muito tempo sido objeto de estudo através da metodologia do direito comparado[39]. Apesar de muitos dos princípios contratuais subjacentes serem semelhantes, o peso e a importância que são dados a cada um em cada jurisdição modificam completamente a maneira como os contratos são executados e interpretados. O mesmo ocorre em relação ao peso que é dado à autonomia privada.

Por exemplo, no *Common Law,* a autonomia privada e a liberdade de estipulação do conteúdo do contrato são alguns dos princípios centrais. A autonomia privada é um dos eixos do direito privado e, apesar de ser uma expressão polissêmica, denota o poder de autorregulamentação de interesses privado, constituindo, portanto, fundamento da ação jurídico-privada e fonte de poder normativo[40]. Dessa fonte e poder de autorregulação deriva a liberdade das partes de regularem e estipularem o conteúdo de seus contratos.

No *Common Law,* essa atenção e prioridade dadas à liberdade e à autonomia das partes têm por consequência um direito dos contratos em que as partes têm quase inteiramente o controle do conteúdo do contrato, muito diferente do que ocorre em outros sistemas de *Civil Law*[41]. Essa diferença aparece marcadamente na possibilidade, alheia ao

[37] VICENTE, Dário Moura. Autonomia Privada e Direito Comparado: os diferentes significados. *In*: MARTINS-COSTA, Judith (coord.). **Conversa sobre Autonomia Privada.** Canela: Instituto de Estudos Culturalistas, 2015, p. 146-160, p. 155.

[38] ZWEIGERT, Konrad; KÖTZ, Hein. **An Introduction to Comparative Law**. Trad. Tony Weir. New York: Oxford, 1998, p. 05.

[39] ZWEIGERT, Konrad; KÖTZ, Hein. **An Introduction to Comparative Law**. Trad. Tony Weir. New York: Oxford, 1998, p. 62.

[40] MARTINS-COSTA, Judith. **A Boa-Fé no Direito Privado**: critérios para sua aplicação. 2ª ed. São Paulo: Saraiva, 2018, p. 248-249.

[41] PEEL, Edwin. The Common Law tradition: application of boilerplate clauses under English Law. *In*: CORDERO-MOSS, Giuditta (ed.). **Boilerplate Clauses, International**

Common Law, de escrutínio judicial dos contratos e do exercício da autonomia privada em geral[42].

Apesar dessa diversidade ser saudável, pois faz com que o direito melhor se adapte à cultura local, muitas vezes a uniformidade acaba por ser o objetivo quando da pactuação de um contrato, especialmente quando se refere a contratos internacionais entre partes de diferentes culturas jurídicas, em que se pode buscar um meio-termo comum a não favorecer nenhuma das partes. De fato, a uniformidade é objetivo longínquo para facilitar os negócios internacionais[43].

Por conta disso, uma das finalidades perseguidas ao redigir um contrato internacional é justamente desconectá-lo de elementos externos para que a sua disciplina apenas seja aplicável à relação contratual[44]. Assim, pode-se dizer que a uniformidade dos modelos de contrato em determinadas áreas da atividade empresarial anda em paralelo, senão à frente, com a uniformidade das leis aplicáveis ao comércio internacional para a facilitação dos negócios[45].

Essa tentativa de desconexão dos contratos de elementos externos muitas vezes se estrutura por meio de uma redação extensa do instrumento contratual, em que as partes procuram regrar todos os aspectos da sua relação sem deixar espaço para que eventuais disposições subsidiárias da legislação local venham a se aplicar. Isso faz com que as cláusulas padrão, chamadas de *boilerplate clauses*, tenham fundamental importância para esses negócios jurídicos.

Essas cláusulas acabam inseridas indistintamente em todos os tipos de contratos, independentemente de qual seja a legislação aplicável. É basicamente uma redação que visa a alcançar o ideal americano de contrato autossuficiente, ou seja, aquele que é aplicado da mesma forma

Commercial Contracts and the Applicable Law. New York: Cambridge University, 2011, p. 129-178, p. 129.

[42] VICENTE, Dário Moura. **Direito Comparado**, v. II. Lisboa: Almedina, 2017, p. 345.

[43] ZWEIGERT, Konrad; KÖTZ, Hein. **An Introduction to Comparative Law**. Trad. Tony Weir. New York: Oxford, 1998, p. 25.

[44] CORDERO-MOSS, Giuditta. **Boilerplate Clauses, International Commercial Contracts and the Applicable Law**. New York: Cambridge University, 2011, p. 01.

[45] ZWEIGERT, Konrad; KÖTZ, Hein. **An Introduction to Comparative Law**. Trad. Tony Weir. New York: Oxford, 1998, p. 26.

em todas as jurisdições, tendo em vista que conta com todas as previsões e consequências jurídicas necessárias[46].

A americanização do direito privado e contratual é um fenômeno global de influência sólida nas estruturas contratuais que utilizamos em nosso país. Hoje em dia, a estrutura americana se tornou tão comum que é praticamente impossível minutar um contrato sem a lógica americana e objetivo de previsão geral e completa de que os contratos americanos são reconhecidos[47].

Aliás, autores tendem a descrever a influência americana no direito local como irreversível por estar profundamente entranhada na prática jurídica dos escritórios de advocacia[48]. Na prática jurídica brasileira, pode-se dizer que a transposição de cláusulas padrão ou até mesmo de modelos contratuais utilizados em contratos originários do direito americano tem se tornado cada vez mais comuns.

Essa circulação de modelos jurídicos através do uso de cláusulas é, sem dúvidas, acelerada pelo direito comparado[49]. Ocorre que, muito embora a circulação de modelos tenha suas raízes na comparação jurídica, as grandes recepções de soluções de ordenamentos jurídicos distintos acabam por acontecer sem prévia comparação ou através de comparações excessivamente superficiais[50].

Nesse sentido, se considerarmos, como é também a concepção de Miguel Reale, que os usos e costumes jurídicos são fonte de direito, pois exprimem o poder social[51], esse uso repetido de soluções estrangeiras pode vir verdadeiramente a alterar o direito local. Assim, torna-se traba-

[46] CORDERO-MOSS, Giuditta. **Boilerplate Clauses, International Commercial Contracts and the Applicable Law.** New York: Cambridge University, 2011, p. 01.

[47] VETTESE, Maria Celeste. Multinational companies and national contracts. *In*: CORDERO-MOSS, Giuditta (ed.). **Boilerplate Clauses, International Commercial Contracts and the Applicable Law.** New York: Cambridge University, 2011, p. 20-32, p. 24.

[48] KELEMEN, R. Daniel; SIBBITT, Eric C. The Globalization of American Law. **International Organization**, v. 58, n. 1, Cambridge: Cambridge University Press, 2004, p. 132.

[49] SACCO, Rodolfo. **Introdução ao Direito Comparado.** Trad. Véra Jacob de Fradera. São Paulo: Revista dos Tribunais, 2011, p. 43.

[50] SACCO, Rodolfo. **Introdução ao Direito Comparado.** Trad. Véra Jacob de Fradera. São Paulo: Revista dos Tribunais, 2011, p. 44.

[51] MARTINS-COSTA, Judith; BRANCO, Gerson. **Diretrizes Teóricas do Novo Código Civil Brasileiro.** São Paulo; Saraiva, 2002, p. 29.

lho da comparação, após a recepção ser concluída, analisar e acomodá-la ao direito local[52].

Por conta disso, quando da adoção de uma solução estrangeira, há de se atentar a dois pontos principais: (i) se essa solução de fato funciona e opera em seu local de origem; (ii) se essa solução irá funcionar no país que propõe adotá-la[53]. Tais pontos se aplicam às cláusulas recorrentes, pois mesmo no campo do direito contratual, em que a autonomia costuma prevalecer, existem regras cogentes que podem modificar a interpretação e aplicação dessas "soluções" estrangeiras. Até mesmo porque, por óbvio, não se pode simplesmente ultrapassar as regras do direito nacional para aplicar suposta solução "superior" derivada do direito estrangeiro[54].

Muito se fala da influência dos modelos contratuais de *Common Law* nos contratos firmados sob a égide do direito brasileiro, pois o seu uso acaba por, pouco a pouco, alterar a concepção dos juristas em diversas áreas do direito. Contudo, nem tanto se fala sobre a influência do direito brasileiro sobre essas disposições contratuais "padrão", muitas vezes replicadas em contratos internacionais e nacionais sem que se dê a devida atenção para a conformação jurídica e para as consequências de tal inserção.

Apesar disso, fato é que o direito nacional ou local tem relevante influência na eficácia e validade desses dispositivos contratuais, mesmo que tal influência seja alheia à vontade das partes. Dário Moura Vicente, inclusive, aponta como uma das funções de relevo do direito comparado nos tempos atuais a compreensão do exato alcance de certas cláusulas padrão inseridas em contratos internacionais, visto que seus efeitos tendem a variar significativamente conforme a lei aplicável[55].

Apesar de muitos advogados e juristas "transplantarem" os modelos contratuais americanos pensando que o contrato existe em um vácuo, as disposições legais do direito nacional influenciam, e muito, como tais

[52] SACCO, Rodolfo. **Introdução ao Direito Comparado**. Trad. Véra Jacob de Fradera. São Paulo: Revista dos Tribunais, 2011, p. 44.

[53] ZWEIGERT, Konrad; KÖTZ, Hein. **An Introduction to Comparative Law**. Trad. Tony Weir. New York: Oxford, 1998, p. 17.

[54] ZWEIGERT, Konrad; KÖTZ, Hein. **An Introduction to Comparative Law**. Trad. Tony Weir. New York: Oxford, 1998, p. 17.

[55] VICENTE, Dário Moura. **Direito Comparado**, v. II. Lisboa: Almedina, 2017, p. 19.

disposições contratuais serão aplicadas, em especial quando se referem à ordem pública e regras cogentes do direito. Desvendar tais circunstâncias é o primordial objetivo deste livro.

O enfoque deste livro será, assim, desvendar como a cláusula de *no waiver* (ou *cláusula de tolerância*, como é traduzida ao português[56]) é aplicada nos contratos nacionais e internacionais que elegem o direito brasileiro como o direito aplicável. Para fins de esclarecimento, a cláusula de *no waiver* é entendida como a cláusula que prevê basicamente que "*nenhum comportamento ou tolerância das partes será interpretado como renúncia, novação ou impedirá que as partes exerçam seus direitos na forma contratualmente prevista*". Este é um exemplo de redação comumente visto, que pode ser expandido ou reduzido, mas, ao fim e ao cabo, terá a intenção de regrar justamente como uma omissão das partes durante a execução contratual será interpretada.

Como se pode observar da redação da cláusula, seu objeto tangencia várias matérias do direito privado brasileiro: manifestação de vontade tácita, interpretação contratual, comportamento das partes, comportamentos contraditórios, correção do conteúdo contratual. À primeira vista, a cláusula parece permitir que uma parte que tolerou por anos um mesmo comportamento contratual violador de seus direitos possa, passado esse período de inércia, demandar seu cumprimento.

Por isso, é importante que se questione se essa previsão tem algum sentido no âmbito das normas do direito brasileiro ou se a estipulação não tem qualquer validade ou eficácia. Isso porque a transposição de cláusulas padrão de sistemas jurídicos completamente alheios pode gerar muitos problemas entre os contratantes e insegurança jurídica na aplicação das normas contratuais. Isso pois, apesar de muitas vezes acolher a incoerência humana[57], o direito também a limita, em exceção à

[56] Por mais que tal tradução seja frequentemente utilizada, ao longo do livro prefere-se o termo em inglês, que representa melhor a intenção por trás da pactuação da cláusula. Além disso, no direito imobiliário a cláusula que refere o prazo de tolerância para entrega de imóveis também utiliza a mesma nomenclatura, o que pode causar confusão ao leitor desavisado.

[57] MARTINS-COSTA, Judith. Os Dilemas da Incoerência. *In*: NEVES, José Roberto de Castro. **Ele, Shakespeare, visto por nós, os advogados**. Rio de Janeiro: Edições de Janeiro, 2017, p. 157-166, p. 157.

regra de que o indivíduo teria a liberdade de rever seus atos[58]. Ou seja, aqueles que defendem a existência de um princípio geral de vedação à contradição estão equivocados[59], pois a vedação da contradição não é regra, mas sim exceção que será aplicável em situações específicas.

Uma dessas situações é justamente quando a contradição deriva do exercício de um direito em violação de legítima confiança criada pelo indivíduo que age em contradição. Assim, no direito brasileiro, a contradição pode ser vista como instrumento de oposição à boa-fé, cujo respeito se exige no exercício de direitos[60], especialmente considerando que a boa-fé, em sua feição objetiva, impõe um *standard* de conduta aos que ingressam em uma relação obrigacional[61]. A origem dessa limitação à contraditoriedade desleal imposta pela boa-fé está justamente na ideia de proteção da confiança[62], de segurança dos atos jurídicos[63].

Uma importante distinção que deve ser feita desde já é entre essa cláusula e a cláusula de "*no oral modifications*" (*cláusula proibitiva de modificações orais*). Essa última é uma previsão inserida no contrato que dispõe que esse não poderá ser modificado e alterado, exceto por acordo escrito das partes, por meio, por exemplo, da assinatura de um aditivo contratual[64].

Em relação a esse tipo de cláusula, o entendimento geral das cortes de *Common Law* é de que uma modificação oral por meio de acordo verbal das partes seria eficaz mesmo se o contrato contivesse essa previsão, pois se entendia que a modificação oral, como contrato posterior, derro-

[58] NEVES, Julio Gonzaga Andrade. **A suppressio (Verwirkung) no Direito Civil.** São Paulo: Almedina, 2016, p. 61-62.

[59] NEVES, Julio Gonzaga Andrade. **A suppressio (Verwirkung) no Direito Civil.** São Paulo: Almedina, 2016, p. 61-62.

[60] NEVES, Julio Gonzaga Andrade. **A suppressio (Verwirkung) no Direito Civil.** São Paulo: Almedina, 2016, p. 64.

[61] MARTINS-COSTA, Judith; BRANCO, Gerson. **Diretrizes Teóricas do Novo Código Civil Brasileiro.** São Paulo; Saraiva, 2002, p. 188.

[62] NEVES, Julio Gonzaga Andrade. **A suppressio (Verwirkung) no Direito Civil.** São Paulo: Almedina, 2016, p. 64.

[63] MENEZES CORDEIRO, Antônio Manuel da Rocha e. **Da Boa-fé no Direito Civil.** Coimbra: Almedina, 2014, p. 1242-1242.

[64] EISENBERG, Melvin A. **Foundational Principles of Contract Law.** New York: Oxford University Press, 2018, p. 813.

garia a cláusula de *no oral modification*[65]. Assim, esse é o tipo de cláusula recorrente que muitas vezes nem sequer tem aplicabilidade prática em seu ambiente de origem.

A cláusula de *no oral modifications* difere da cláusula de *no waiver* por conta da natureza da limitação à autonomia das partes que é pretendida. Enquanto a cláusula de *no oral modification* busca excluir do contrato qualquer declaração de vontade que não seja escrita, o que acaba por afetar inclusive declarações expressas feitas por meio verbal, a cláusula de *no waiver* pretende apenas excluir modificações tácitas ao contrato, interpretadas pelo julgador por comportamento das partes.

Não se trata, portanto, de excluir uma forma de declaração de vontade, mas sim de limitar qual forma de manifestação de vontade será considerada para fins de configuração de novação ou renúncia pela parte. Essa distinção é de extrema relevância e é o motivo pelo qual se enuncia desde já que essa disposição não é objeto dessa análise, pois não se pretende discutir a eficácia de declarações de vontade verbais para a eventual modificação do contrato, somente a eficácia das manifestações tácitas de vontade através de comportamento.

Considerando a análise em relação ao direito brasileiro, há duas diferentes hipóteses que podem ser desde já vislumbradas em relação à validade e à eficácia da cláusula de *no waiver*. No ponto, antes de se explicitar tais hipóteses, cabe fazer breve referência à concepção dos planos do mundo jurídico, visto que é a sua diferenciação que baseia grande parte das conclusões deste livro, pois a diferença entre a invalidade e a ineficácia da cláusula de *no waiver* perpassa pela diferenciação de qual plano do negócio jurídico a boa-fé objetiva limitaria a pactuação da cláusula de *no waiver*.

A concepção dos planos do mundo jurídico é derivada do trabalho de Pontes de Miranda, que, ao criticar a doutrina alemã que se utilizava da mesma expressão (*Gültigkeit*) para significar o que existe, o que incide e o que vale[66], passa então a distinguir três planos dos fatos jurídi-

[65] EISENBERG, Melvin A. **Foundational Principles of Contract Law**. New York: Oxford University Press, 2018, p. 813.

[66] PONTES DE MIRANDA, Francisco Cavalcanti. **Tratado de Direito Privado**, t. I. São Paulo: Revista dos Tribunais, 1977, p. 13, § 5.

cos: existência, validade e eficácia[67]. A questão da existência é uma questão prévia, de se os fatos discutidos efetivamente existem no mundo[68]. A questão da validade só se torna uma discussão quando ultrapassada a existência e somente então se entenderá se o fato é apto a atuar e permanecer no mundo jurídico[69]. Já a questão da eficácia é totalmente independente à da validade, significando aquilo que produz efeitos no mundo jurídico, independentemente se é válido ou inválido, podendo, é claro, a invalidade ter como consequência a ineficácia, mas não obrigatoriamente[70].

Passando às hipóteses sobre a validade e a eficácia da cláusula de *no waiver*, a primeira delas seria que, por mais que seja corriqueiramente adotada em contratos com o direito brasileiro, como lei aplicável, a cláusula de *no waiver* estipula objeto ilícito perante o direito brasileiro, motivo pelo qual é inválida e não produz efeitos aos contratantes. Nessa hipótese, entender-se-ia que a figura da boa-fé objetiva, em sua função corretora, não poderia ser derrogada pelas partes por meio da autonomia privada, motivo pelo qual a estipulação da cláusula de *no waiver* seria inválida ou, no mínimo, ineficaz[71].

A segunda corresponde à aceitação da cláusula no direito brasileiro. Nessa hipótese, considerar-se-ia a possibilidade de derrogação da figura da *suppressio*, sendo essa inaplicável quando as partes pactuassem cláusula de *no waiver* em seus contratos. Essa segunda hipótese encontra, como será observado ao longo do livro, respaldo na doutrina e na jurisprudência[72], sem, contudo, maiores questionamentos sobre a natureza

[67] A distinção entre os planos e sua elucidação aparece de forma concentrada em: PONTES DE MIRANDA, Francisco Cavalcanti. **Tratado de Direito Privado.** Tomo IV. São Paulo: Borsoi, 1970, p. 7, § 357.

[68] PONTES DE MIRANDA, Francisco Cavalcanti. **Tratado de Direito Privado**, t. IV. São Paulo: Borsoi, 1970, p. 07, § 357.

[69] PONTES DE MIRANDA, Francisco Cavalcanti. **Tratado de Direito Privado**, t. IV. São Paulo: Borsoi, 1970, p. 03, § 356.

[70] PONTES DE MIRANDA, Francisco Cavalcanti. **Tratado de Direito Privado**, t. IV. São Paulo: Borsoi, 1970, p. 04, § 356.

[71] Essa concepção é defendida principalmente por NEVES, Julio Gonzaga Andrade. **A suppressio (Verwirkung) no Direito Civil.** São Paulo: Almedina, 2016, p. 158.

[72] Essa concepção é defendida principalmente por MARTINS-COSTA, Judith. **A Boa-Fé no Direito Privado**: critérios para sua aplicação. 2ª ed. São Paulo: Saraiva, 2018, p. 715; e ÁVILA, Humberto. Suppressio – Limitação de direito por exercício tardio: definição e

cogente do princípio da boa-fé objetiva. Apesar de ser possível encontrar equívocos nas decisões judiciais que deslegitimem o seu teor, é inegável que a modelagem brasileira da boa-fé objetiva possui cunho fortemente jurisprudencial, motivo pelo qual as conclusões alcançadas pela jurisprudência na matéria possuem expressiva relevância[73].

Para alcançar tais conclusões, o texto trabalhará com algumas premissas principais: (i) as diferenças nas formas e redações contratuais no *Common Law* e no *Civil Law*; (ii) a origem da cláusula de *no waiver* nos sistemas de *Common Law* e a circulação de modelos jurídicos aos países de *Civil Law*; (iii) as limitações à autonomia privada no direito brasileiro; (iv) a real eficácia da cláusula em vista dessas disposições.

Para tanto, este livro será dividido em duas grandes partes; na primeira, a cláusula de *no waiver* será abordada em seu ambiente de origem, com a contextualização do instituto no direito anglo-saxão e com considerações sobre os efeitos e consequências da circularização de modelos para os países de *Civil law*; na segunda, a cláusula será examinada sob o enfoque do direito brasileiro, analisando-se a incidência de normas de ordem pública e a eficácia real da disposição.

A primeira parte é dividida em duas seções. Na primeira seção, aborda-se o panorama da cláusula de *no waiver* em seu ambiente de origem. Para tanto, examina-se a relevância da autonomia privada no direito anglo-saxão e no *Common Law*, o que é o fundamento para que as partes contratantes procurem sempre regular extensivamente as suas relações em contrato, prevalecendo a autonomia à heteronomia.

Nessas circunstâncias, analisa-se a origem da cláusula de *no waiver* como uma cláusula recorrente que visa impedir que os julgadores retirem, do comportamento das partes, conclusões sobre a modificação ou renúncia de previsões contratuais. Na segunda seção, aborda-se a transposição do modelo negocial que é a cláusula de *no waiver* a países de *Civil Law*, sendo que, nesse âmbito, em virtude das diferenças entre os sistemas, os efeitos produzidos pela cláusula podem divergir.

requisitos de aplicação. *In*: BENETTI, Giovana *et al* (org.). **Direito, Cultura, Método**: leituras da obra de Judith Martins-Costa. Rio de Janeiro: GZ, 2019, p. 323-333, p. 330-332.

[73] MARTINS-COSTA, Judith; BRANCO, Gerson. **Diretrizes Teóricas do Novo Código Civil Brasileiro**. São Paulo; Saraiva, 2002, p. 190.

A segunda parte do livro dedica-se exclusivamente ao direito brasileiro. Em sua primeira seção, aborda-se o papel da autonomia privada no direito brasileiro, expondo-se a concepção de que a autonomia não seria a total liberdade das partes, mas sim o espaço relegado à escolha pela legislação. Nesse espaço, no que tange ao tema deste livro, é possibilitado às partes tanto que elejam a forma por meio da qual declararão a sua vontade quanto que limitem essa forma, restringindo, em contrato, o que poderá posteriormente ser considerado como declaração de vontade pelo julgador e intérprete.

Também nessa primeira seção aborda-se os limites à autonomia privada, por meio das regras cogentes e de ordem pública, como é o caso do princípio da boa-fé objetiva. Conclui-se, já nesse ponto, sobre a validade da cláusula de *no waiver*. Já na segunda seção, aborda-se especificamente o tema da boa-fé em sua função corretora do comportamento das partes, e como essa aplicação atinge a cláusula de *no waiver* e impõe limites à sua eficácia. Feitas essas considerações introdutórias, passa-se ao estudo da cláusula de *no waiver*, na perspectiva de sua origem nos sistemas de *Common Law* e seu desenvolvimento quando da circulação de modelos jurídicos aos sistemas de *Civil Law*.

PARTE I
A UTOPIA DO CONTRATO AUTOSSUFICIENTE E A CLÁUSULA DE *NO WAIVER* NOS SISTEMAS DE *COMMON LAW* E DE *CIVIL LAW*

Tratar de cláusulas recorrentes e modelos de contrato implica abordar os contratos americanos e ingleses, modelos contratuais que foram incorporados globalmente por multinacionais e grandes bancas de advocacia e, pouco a pouco, tornaram-se também o "padrão", sendo usados corriqueiramente nos países de *Civil Law*. Em virtude disso, pode-se dizer que a utopia usualmente adotada pelo *Common Law* de que os contratos poderiam ser autossuficientes ao regrar as mais diversas relações comerciais resultou em diversos tipos de cláusulas-padrão sistematicamente incluídas nos mais diversos tipos de contrato, sem que os contratantes as discutam.

As cláusulas são adotadas por "inércia" para não divergir do padrão usualmente adotado. Uma dessas é justamente a cláusula de *no waiver*, objeto de estudo deste livro; a disposição prevê, em sua linguagem padrão, que os comportamentos das partes não podem ser interpretados como renúncia a direito, permitindo-se que qualquer direito seja exercido a qualquer momento.

O conjunto de declarações negociais enformado em um negócio jurídico não pode, contudo, existir no vácuo, alheio à incidência das normas jurídicas. É necessário situá-lo no sistema jurídico. Isso demonstra o porquê de ser importante avaliar a origem de uma determinada disposição contratual recorrente e examinar suas aplicações práticas. Esse é o objetivo de análise desta parte do livro.

Nesse tópico, desenvolve-se sobre as origens da cláusula de *no waiver* em meio a essa noção de autossuficiência do negócio jurídico. Depois de estabelecidas as características principais, serão analisadas a transposição dos modelos de *Common Law* ao *Civil Law* e as repercussões dessa transposição na cláusula.

1.1. O panorama em seu local de origem: os sistemas de *common law*

Não há como se compreender um problema ou instituto jurídico sem compreender sua origem, suas funções, seus requisitos e seus efeitos. Não será diferente neste livro. Exatamente por isso que, antes de se adentrar nas consequências da transposição da cláusula de *no waiver* dos sistemas de *Common Law* aos sistemas de *Civil Law*, estuda-se a concepção em seu sistema de origem.

Assim, nesse primeiro ponto da primeira parte, o estudo se centra na análise na perspectiva e no panorama da cláusula de *no waiver* nos sistemas jurídicos de *Common Law*. Para tanto, haverá o estudo das noções de autonomia privada e consequente tentativa de celebração de contratos autossuficientes, o que ocorre através da adoção de cláusulas recorrentes que muitas vezes são importadas aos sistemas de *Civil Law*. Posteriormente, faz-se o estudo especificamente sobre as origens e funções da cláusula de *no waiver*.

1.1.1. Autonomia privada e a tentativa das partes de celebração de contratos autossuficientes

A autonomia privada é um dos grandes temas do direito e, especialmente, do direito dos contratos, seja nos ordenamentos de *Civil Law*, seja naqueles de *Common Law*. Seu estudo e sua valorização deram origem a muitas das teorias contratuais que se tem atualmente, assim como também gera grandes discussões, sobre sua limitação, função, entre outros temas relevantes. Por exemplo, é a autonomia privada o princípio que, na maior parte dos sistemas jurídicos ocidentais, vem como primeira explicação para o reconhecimento de efeitos dos contratos onerosos[74]. Há, contudo, diversos fundamentos que tentam explicar a vinculatividade dos pactos contratuais, são estes: a autonomia privada,

[74] VICENTE, Dário Moura. Autonomia Privada e Direito Comparado: os diferentes significados. *In*: MARTINS-COSTA, Judith (coord.). **Conversa sobre Autonomia Privada**. Canela: Instituto de Estudos Culturalistas, 2015, p. 146-160, p. 148.

o Estado, a sociedade e a lei[75]. Segundo a concepção da autonomia privada como fundamento para a vinculação dos contratos, por serem livres de contratar, têm os contratantes o poder de fixar, em termos vinculativos, a disciplina aplicável ao contrato[76]. Foi com base nessa concepção que se afirmava que a conclusão de qualquer contrato deveria ser uma operação absolutamente livre; os contratantes decidiriam estipular ou não um contrato, com total liberdade sobre seu conteúdo[77]. Qualquer limitação era tolerada em muito estreita medida[78].

Contudo, hoje afirma-se não haver um sentido unívoco de autonomia privada, pois bem se sabe que o fundamento da eficácia contratual pode estar tanto no fato do contrato ser um instrumento de realização de escolhas individuais quanto um instrumento de funções econômico-sociais, que possibilita a circulação de bens e serviços[79]. O contrato, como hoje o designamos, pode ser tido como "uma atividade humana pela qual se viabiliza operação de circulação da riqueza de um patrimônio para outro, sendo essa atividade socialmente reconhecida como dotada de vinculabilidade jurídica"[80]. Ou seja, por conta da relevância do contrato para a sociedade como um todo, sabe-se que é possível a fixação de limites à autonomia privada, seja pela chamada função social do contrato, seja pela boa-fé objetiva, seja pela atuação normativa[81].

[75] MARTINS-COSTA, Judith. Contratos. Conceito e Evolução. *In*: LOTUFO, Renan; NANNI, Giovanni Ettore. **Teoria Geral dos Contratos**. São Paulo: Atlas, 2011, p. 25.

[76] VICENTE, Dário Moura. Autonomia Privada e Direito Comparado: os diferentes significados. *In*: MARTINS-COSTA, Judith (coord.). **Conversa sobre Autonomia Privada**. Canela: Instituto de Estudos Culturalistas, 2015, p. 146-160, p. 148.

[77] ROPPO, Enzo. **O Contrato**. Trad. Ana Coimbra e Manuel Januário da Costa Gomes. Coimbra: Almedina, 2009, p. 32.

[78] ROPPO, Enzo. **O Contrato**. Trad. Ana Coimbra e Manuel Januário da Costa Gomes. Coimbra: Almedina, 2009, p. 33.

[79] VICENTE, Dário Moura. Autonomia Privada e Direito Comparado: os diferentes significados. *In*: MARTINS-COSTA, Judith (coord.). **Conversa sobre Autonomia Privada**. Canela: Instituto de Estudos Culturalistas, 2015, p. 146-160, p. 155.

[80] MARTINS-COSTA, Judith. Contratos. Conceito e Evolução. *In*: LOTUFO, Renan; NANNI, Giovanni Ettore. **Teoria Geral dos Contratos**. São Paulo: Atlas, 2011, p. 146-160, p. 27.

[81] FERREIRA DA SILVA, Luis Renato. Autonomia Privada e Usos Negociais Empresariais. *In*: MARTINS-COSTA, Judith (coord.). **Conversa sobre Autonomia Privada**. Canela: Instituto de Estudos Culturalistas, 2015, p. 21-33, p. 33.

Pode-se dizer, como reconhecido por Dário Moura Vicente, que os direitos inglês e norte-americano contemporâneos permanecem, fundamentalmente, alheios à ideia do direito europeu continental de que os tribunais poderiam escrutinar o exercício da autonomia privada através de noções como causa, lesão e onerosidade excessiva[82]. Ou seja, pode-se dizer que há uma perspectiva bastante liberal dos contratos nos sistemas jurídicos inglês e americano. Contudo, mesmo nesses sistemas jurídicos a "standartização" excessiva e o uso de modelos de contrato vêm causando certo desconforto em relação à assimetria fisiológica causada pela disparidade de poder de negociação, motivo pelo qual essa perspectiva liberal passou a ser questionada[83].

Diferentemente desses outros sistemas europeus, em que regras cogentes podem impor, restringir ou modular o conteúdo contratual, no *Common Law*[84] a maior parte das regras são opcionais (*default rules*), ou seja, sujeitas ao acordo em sentido contrário[85]. É exatamente por esse motivo que se tem os contratos americanos ou ingleses como os mais completos, detalhados e extensos, pois as partes, em podendo regrar cada aspecto de sua relação, preferem o fazer, e não relegar o conteúdo contratual a outras fontes, como a lei, a jurisprudência e os usos e costumes[86].

Outra característica que contribui para os longos modelos de contrato no *Common Law* é que nesses sistemas não há disposição legal sobre tipos contratuais específicos[87]. Isso se dá, de acordo com John

[82] VICENTE, Dário Moura. Autonomia Privada e Direito Comparado: os diferentes significados. *In*: MARTINS-COSTA, Judith (coord.). **Conversa sobre Autonomia Privada**. Canela: Instituto de Estudos Culturalistas, 2015, p. 146-160, p. 154.

[83] RADIN, Margaret Jane. **Boilerplate**: the fine print, vanishing rights and the rule of Law. New Jersey: Princeton University Press, 2013, p. 83.

[84] Por mais que a expressão *common law* compreenda outros sistemas jurídicos, dedicou-se, especialmente, ao estudo do direito inglês e americano, tendo em vista que no inglês foi onde a figura surgiu e no americano foi onde a cultura dos contratos autossuficientes mais se desenvolveu.

[85] FARNSWORTH, Allan E. **Contracts**. 4ª ed. New York: Aspen Publishers, 2004, p. 37.

[86] Tal tendência pode ser explicada até mesmo por uma diferença classicamente apontada entre os sistemas de *Civil Law* e *Common Law*, pois enquanto naqueles o uso de normas legais abstratas é a regra, nestes a abstração é rejeitada. Ver: ZWEIGERT, Konrad; KÖTZ, Hein. **An Introduction to Comparative Law**. Trad. Tony Weir. New York: Oxford, 1998, p. 69.

[87] CARTWRIGHT, John. **Contract Law**: an introduction to the English Law of Contract for the Civil Lawyer. 2ª ed. Portland: Bloomsbury, 2016, p. 132. *E-book*.

Cartwright, porque o direito inglês, apesar de também ter tido alguma influência do direito romano, não desenvolveu o seu direito contratual pela recepção do *ius commune* romano, como o fizeram os sistemas de *Civil Law*, não recebendo, portanto, o conceito de tipos contratuais originário desse direito[88].

É claro que os juristas e profissionais ingleses sabem como reconhecer as diferenças e peculiaridades de um contrato de compra e venda e de um contrato de prestação de serviços. Contudo, no seu direito, essa não é uma característica que modificará os efeitos de um determinado contrato, pois todos são regulados pelos mesmos princípios e regras[89].

Isso significa dizer que, ao contrário dos países de *Civil Law*, os contratantes nos países de *Common Law* não poderão simplesmente recorrer às características de um tipo contratual para que seu regime seja aplicável, determinando apenas as especificidades de suas relações. Pelo contrário, os contratantes deverão prever em contrato todos os aspectos que sejam relevantes do seu negócio.

Assim, na possibilidade de as partes estabelecerem quase que integralmente suas próprias regras em relação a praticamente qualquer tema, houve uma ampliação e detalhamento maior nos modelos de contratos, na tentativa de criar uma regulação totalmente específica para determinados tipos de contratos. Por esse motivo, na abordagem de *Common Law*, tudo que se refere ao conteúdo da relação das partes (como deveres, ônus e obrigações) é definido no próprio contrato, com pouca possibilidade de intervenção do judiciário[90].

88 CARTWRIGHT, John. **Contract Law**: an introduction to the English Law of Contract for the Civil Lawyer. 2ª ed. Portland: Bloomsbury, 2016, p. 132. *E-book*. No direito contratual brasileiro, a tipificação é vista como um processo natural, que tem como principal escopo simplificar o processo de vinculação através de regras supletivas e modelos normativos e hermenêuticos. Para um estudo aprofundado do termo, ver: COMIRAN, Giovana. **Os usos Comerciais**: da formação dos tipos à interpretação e integração dos contratos. São Paulo: Quartier Latin, 2019, p. 153.

89 GREZZANA, Giacomo. **A Cláusula de Declarações e Garantias em Alienação de Participação Societária**. São Paulo: Quartier Latin, 2019, p. 23.

90 VETTESE, Maria Celeste. Multinational companies and national contracts. *In*: CORDERO-MOSS, Giuditta (ed.). **Boilerplate Clauses, International Commercial Contracts and the Applicable Law**. New York: Cambridge University, 2011, p. 20-32, p. 24.

Essa característica dos sistemas de *Common Law* pode ser vista tanto como um ponto positivo quanto como um ponto negativo. O fato de as partes terem amplo poder para regrar a disciplina contratual origina duas situações: (i) a grande adaptabilidade do conteúdo dos contratos; (ii) a diminuição de importância das regras legais do direito dos contratos[91]. Isso porque o fato de as partes "fugirem" da disciplina do direito contratual faz com que a essas regras percam força[92].

Assim, a intensa liberdade de estabelecer os termos contratuais específicos para sua relação fez com que as partes contratantes adotassem uma técnica de escrita do contrato muito específica e diferenciada, procurando regular exaustiva e profundamente a interpretação e a aplicação do contrato e alcançar o ideal do "contrato autossuficiente"[93]. Diz-se autossuficiente pois é aquele que dispensa qualquer interação com a legislação para regular uma relação comercial; ele sozinho basta.

Tendo o controle sobre o conteúdo, as partes passaram a adotar cláusulas recorrentes com essa função de regular exaustivamente o conteúdo de suas relações e, então, excluir a influência de elementos externos, como a lei aplicável ou a interferência das cortes[94]. Pode-se dizer que há dúvida sobre o que prevalece nesse contexto: as soluções públicas (de normas cogentes sobre os tipos contratuais) ou as privadas (de uso de cláusulas recorrentes), pois as cláusulas recorrentes também economizam os custos de transação da negociação de previsões contratuais, sendo que ainda oferecem a vantagem em termos de influência das externalidades de rede[95].

[91] FARNSWORTH, Allan E. **Contracts.** 4ª ed. New York: Aspen Publishers, 2004, p. 37.

[92] FARNSWORTH, Allan E. **Contracts.** 4ª ed. New York: Aspen Publishers, 2004, p. 37.

[93] CORDERO-MOSS, Giuditta. Introduction. *In*: CORDERO-MOSS, Giuditta (Ed.). **Boilerplate Clauses, International Commercial Contracts and the Applicable Law**. New York: Cambridge University, 2011, p. 01-06, p. 03.

[94] CORDERO-MOSS, Giuditta. Introduction. *In*: CORDERO-MOSS, Giuditta (ed.). **Boilerplate Clauses, International Commercial Contracts and the Applicable Law**. New York: Cambridge University, 2011, p. 01-06, p. 03.

[95] PARGENDLER, Mariana. O direito contratual comparado em nova perspectiva: revisitando as diferenças entre os sistemas romano-germânico e de *Common Law*. **Revista Direito FGV**, São Paulo, v. 13, n. 3, p. 796-826, set./dez. 2017, p. 804.

As cláusulas recorrentes receberam o nome, pela doutrina, de *boilerplate clauses*[96], *boilerplate provisions*[97] ou até mesmo *midnight clauses*[98]. Essas cláusulas são normalmente inseridas no campo de disposições gerais de um contrato, ao fim das negociações, normatizando questões como lei aplicável, eleição de foro, escolha por arbitragem, indenização, eventos de força maior, proibição de cessão, renúncia, separabilidade etc.[99] Noutras palavras, são disposições que regram o relacionamento das partes e como elas irão administrar o contrato, vistas como de importância secundária[100].

Pode-se dizer que as cortes inglesas encorajaram a presunção de que uma linguagem e disciplina detalhadas e precisas assegurariam *autossuficiência* ao contrato, a fim de que não fosse afetado pelas cortes ou pela lei aplicável[101]. É certo que essa presunção nem sempre é correta[102], mas fato é que efetivamente deu origem aos modelos contratuais que hoje observamos em diversas transações comerciais, sejam internacionais ou não.

Nesse sentido, mesmo em transações comerciais domésticas no Brasil, atualmente se pode observar uma tendência ao regramento contratual mais detalhado e extenso, com a intenção de passar a regrar todas as situações adversas que podem advir da relação, sendo "autossuficiente",

[96] CORDERO-MOSS, Giuditta. Introduction. *In*: CORDERO-MOSS, Giuditta (ed.). **Boilerplate Clauses, International Commercial Contracts and the Applicable Law**. New York: Cambridge University, 2011, p. 01-06, p. 03.

[97] STARK, Tina L. **Drafting Contracts**: how and why Lawyers do what they do. 2ª ed. New York: Wolters Kluwer Law & Business, 2014, p. 53. *E-book*.

[98] CORRÊA, Bruno Tostes. Cláusula obstativa à *suppressio*: Comentário à Apelação Cível 1006269.29.2017.8.26.0071/TJSP, **Revista de Direito Civil Contemporâneo**, v. 23, n. 7, p. 445.

[99] STARK, Tina L. **Drafting Contracts**: how and why Lawyers do what they do. 2ª ed. New York: Wolters Kluwer Law & Business, 2014, p. 53. *E-book*.

[100] STARK, Tina L. **Drafting Contracts**: how and why Lawyers do what they do. 2ª ed. New York: Wolters Kluwer Law & Business, 2014, p. 217. *E-book*.

[101] CORDERO-MOSS, Giuditta. Conclusion: the self-sufficient contract, uniformly interpreted on the basis of its own terms: an illusion, but not fully useless. *In*: CORDERO-MOSS, Giuditta (ed.). **Boilerplate Clauses, International Commercial Contracts and the Applicable Law**. New York: Cambridge University, 2011, p. 344-371, p. 349.

[102] CORDERO-MOSS, Giuditta. Conclusion: the self-sufficient contract, uniformly interpreted on the basis of its own terms: an illusion, but not fully useless. *In*: CORDERO-MOSS, Giuditta (ed.). **Boilerplate Clauses, International Commercial Contracts and the Applicable Law**. New York: Cambridge University, 2011, p. 344-371, p. 349.

sem a necessidade de se relegar à disciplina legal. Tal intenção encontra-se consubstanciada no uso de termos, conceitos e cláusulas contratuais recorrentes, os quais, contudo, tendem, ao mesmo tempo, a ser menosprezados pelos advogados[103].

Esse menosprezo e ausência de redação particular das cláusulas recorrentes pode gerar problemas ainda maiores que a ausência de previsão sobre as matérias por elas reguladas. Isso porque, apesar de parecerem conceitos secundários, tais cláusulas recorrentes podem vir a regrar problemas chave do negócio[104], como eventos de adversidade e desequilíbrio contratual, mudanças na execução do contrato etc. Sua análise é, portanto, fundamental à compreensão das noções de autossuficiência do contrato e do uso de modelos de *Common Law* em sistemas de *Civil Law*. Por exemplo, dentre as cláusulas contratuais comumente recorrentes (não necessariamente padrão), há as cláusulas de declarações e garantias (*representations and warranties*), força maior, modificação material adversa (*material adverse change*) etc.[105]

Um exemplo particularmente importante nas circunstâncias envolvendo a pandemia de Covid-19, são as cláusulas MAC (*material adverse change*, mudança materialmente adversa) ou cláusulas de definição de força maior, visto que ambas acabam por regrar situações em que circunstâncias imprevisíveis ou irresistíveis acontecem, cada uma com sua peculiaridade. A cláusula de força maior é convenção por meio da qual as partes pretendem uniformizar os eventos que consideram inevitáveis, que gerarão a extinção do contrato por conta da impossibilidade da prestação devida[106]. No Brasil, por existir uma definição legal de caso fortuito e força maior no art. 393 do Código Civil, um aspecto importante passa a regular o que, na visão das partes, não consubstancia caso fortuito ou força maior, a fim de garantir maior segurança nos conceitos aplicáveis à sua relação.

[103] STARK, Tina L. **Drafting Contracts**: how and why Lawyers do what they do. 2ª ed. New York: Wolters Kluwer Law & Business, 2014, p. 217. *E-book*.

[104] STARK, Tina L. **Drafting Contracts**: how and why Lawyers do what they do. 2ª ed. New York: Wolters Kluwer Law & Business, 2014, p. 217. *E-book*.

[105] CORDERO-MOSS, Giuditta. **Anglo-American Contract Models and Norwegian or Other Civilian Governing Law**: introduction and method. Oslo: AiT, 2007, p. 09-11.

[106] MARTINS-COSTA, Judith; COSTA E SILVA, Paula. **Crise e Perturbações no Cumprimento da Prestação**. São Paulo: Quartier Latin, 2020, p. 118.

Já as cláusulas MAC possuem outro objetivo, apesar de semelhante: regular o período entre a assinatura e o fechamento de um negócio a fim de estabelecer determinadas situações em que a vinculação obrigacional será afastada, tendo em vista terem essas situações efeito relevante nas bases do negócio firmado[107]. Trata-se, em verdade, de disposição contratual que regula a alocação de riscos próprios do período entre a assinatura e o fechamento[108]. No ponto, caberá às partes definir o que será o evento adverso relevante, a partir do qual ocorrerá o efeito escolhido pelas partes, seja ele liberatório, seja ele de provocar a renegociação das bases contratuais[109].

Ainda, dentre as cláusulas-padrão há alguns modelos bastante discutidos pela doutrina, como é o caso da cláusula de entendimento integral, a qual busca restringir os termos do contrato aos seus quatro cantos, buscando excluir influência das negociações ou comportamentos pretéritos das partes no conteúdo contratual.

A cláusula de entendimento integral (*entire agreement clause* ou *merger clause*) é aquela que prevê que o disposto no contrato é o acordo completo, final e exclusivo das partes[110]. Ou seja, a cláusula de entendimento integral especifica que, de todos os tipos de declarações de vontade que podem ter significado jurídico para uma relação contratual, somente aquelas dispostas no contrato farão parte do conteúdo contratual[111]. Seu objetivo é, portanto, regular quais manifestações terão consequências jurídicas para o contrato, e quais não[112].

Nos sistemas jurídicos de *Common Law*, a vasta maioria das cortes segue essa visão do acordo das partes restrito aos "quatro cantos" do

[107] MARTINS-COSTA, Judith; COSTA E SILVA, Paula. **Crise e Perturbações no Cumprimento da Prestação.** São Paulo: Quartier Latin, 2020, p. 127.

[108] MARTINS-COSTA, Fernanda Mynarski. **Execução diferida do contrato em operações de fusões e aquisições (F&A) de sociedades anônimas**: análise de aspectos contratuais e societários. 2021. 193 f. Tese (Doutorado em Direito) – Faculdade de Direito da Universidade de São Paulo, São Paulo, 2021, p. 140.

[109] MARTINS-COSTA, Judith; COSTA E SILVA, Paula. **Crise e Perturbações no Cumprimento da Prestação.** São Paulo: Quartier Latin, 2020, p. 134.

[110] PERILLO, Joseph M. **Contracts.** 7ª ed. Saint Paul: LEG Inc., 2014, p. 128. *E-book.*

[111] PERELL, Paul M. A Riddle inside an Enigma: the entire agreement clause. **Advocates' Quarterly**, v. 20, n. 3, p. 287-303, maio 1998, p. 290.

[112] PERELL, Paul M. A Riddle inside an Enigma: the entire agreement clause. **Advocates' Quarterly**, v. 20, n. 3, p. 287-303, maio 1998, p. 291.

contrato, dando efeito automático à cláusula de entendimento integral[113], tratando-as como cláusulas de exclusão[114]. Contudo, essa cláusula é bastante discutida pela doutrina, sendo que já existem entendimentos diversos em alguns países de *Common Law*[115], inclusive de reconhecimento do potencial dessas cláusulas de permitirem eventuais abusos no processo de negociação[116].

Em sua obra sobre as transformações do Direito Contratual, David Campbell e Hugh Collins analisam o tema, reconhecendo que a cláusula de *entire agreement* poderá ter significados mais ou menos importantes a depender da complexidade do contrato[117]. Em contratos mais completos e complexos, a cláusula se torna mais importante, mas em contratos sem maiores detalhes, mesmo no *Common Law*, a cláusula demandará interpretação para compreensão de sua função na estrutura contratual, podendo ser considerada relevante a interpretação considerando o contexto fático da assinatura do contrato[118].

Isso ocorre porque o objetivo da cláusula é controlar a responsabilidade de cada parte, excluindo-a de qualquer obrigação ou responsabilização fora do já definido nos quatro cantos do contrato[119]. Ou seja, a sua existência pode vir a significar que uma parte exclui sua responsabilidade sobre um determinado acontecimento, o que por muitas

[113] PERILLO, Joseph M. **Contracts**. 7ª ed. Saint Paul: LEG Inc., 2014, p. 129. *E-book*.

[114] OGILVIE, M. H. Entire Agreement Clauses: neither riddle nor enigma. **La Revue du Barreau Canadien**, v. 87, p. 625-647, 2008, p. 626.

[115] PERELL, Paul M. A Riddle inside an Enigma: the entire agreement clause. **Advocates' Quarterly**, v. 20, n. 3, p. 287-303, maio 1998, p. 303.

[116] OGILVIE, M. H. Entire Agreement Clauses: neither riddle nor enigma. *La Revue du Barreau Canadien*, vol. 87, 2008, p. 625-647, p. 626.

[117] CAMPBELL, David; COLLINS, Hugh. Discovering the Implicit Dimensions of Contracts. *In*: CAMPBELL, David; COLLINS, Hugh; WIGHTMAN, John (ed.). **Implicit Dimensions of Contract**: discrete, relational and network contracts. Oxford: Hart Publishing, 2003, p. 25-50, p. 42.

[118] CAMPBELL, David; COLLINS, Hugh. Discovering the Implicit Dimensions of Contracts. *In*: CAMPBELL, David; COLLINS, Hugh; WIGHTMAN, John (ed.). **Implicit Dimensions of Contract**: discrete, relational and network contracts. Oxford: Hart Publishing, 2003, p. 25-50, p. 42.

[119] OGILVIE, M. H. Entire Agreement Clauses: neither riddle nor enigma. **La Revue du Barreau Canadien**, v. 87, p. 625-647, 2008, p. 626.

vezes ocorre por conta de seu maior poder de barganha na negociação e escrita do contrato[120].

No âmbito do direito brasileiro, é possível tecer diversas críticas à aplicação dessa cláusula, especialmente por ela impor limitações às regras de interpretação contidas no Código Civil e à aplicação de outros princípios tidos como de ordem pública, como é o caso da boa-fé objetiva. Sendo assim, a compreensão é de que a cláusula de entendimento integral não constitui mecanismo apto para suplantar a observância da boa-fé objetiva e proteger o declarante contra demandas baseadas em sua responsabilidade decorrente de declarações viciadas[121].

Outra cláusula bastante discutida pela doutrina e pela jurisprudência brasileiras, em especial no que diz respeito à sua validade e eficácia é a cláusula de não indenizar ou de limitação à indenização. Essa cláusula normalmente estabelece um limite, um teto indenizatório, ou estipula não ser devida indenização no âmbito de uma relação contratual[122]. Por conta disso, as cláusulas de limitação ou exclusão do dever de indenizar exercem função muito importante, pois proporcionam previsibilidade às partes quanto aos efeitos do inadimplemento contratual[123]. Contudo, existem situações em que sua eficácia é questionada, ou até mesmo doutrinadores que são contrários à sua admissibilidade[124].

Outro tipo bastante comum de cláusula padrão ou recorrente, comumente inserida dentre as "disposições finais" de um contrato, é a chamada cláusula de proibição de cessão de posição contratual. Essa cláusula serve, basicamente, para evitar que uma das partes ceda sua posição

[120] Há de se destacar que, no *Common Law*, além da cláusula de *entire agreement*, muitas vezes é a própria regra procedimental da *parol evidence rule* que toma essa função de evitar a análise de evidências e provas extrínsecas ao contrato para julgar um litígio contratual. (GILMORE, Grant. **The death of contract**. Columbus: Ohio State University Press, 1995, p. 44).

[121] SABADIN, Mariana. **Autonomia Privada e Licença para Mentir**: uma investigação sobre a possibilidade de limitação contratual da responsabilidade por dolo. 2015. 100 f. Dissertação (Mestrado em Direito) – Fundação Getúlio Vargas, São Paulo, 2015, p. 79-80.

[122] FERNANDES, Wanderley. **Cláusulas de Exoneração e de Limitação de Responsabilidade**. São Paulo: Saraiva, 2013, p. 108.

[123] FERNANDES, Wanderley. **Cláusulas de Exoneração e de Limitação de Responsabilidade**. São Paulo: Saraiva, 2013, p. 95.

[124] Para mais sobre o tema, ver: FERNANDES, Wanderley. **Cláusulas de Exoneração e de Limitação de Responsabilidade**. São Paulo: Saraiva, 2013, p. 98.

no contrato sem que haja autorização da outra. A justificativa para a inserção dessa cláusula é evitar cessões que podem mudar os deveres ou aumentar os riscos da parte que não participa da cessão[125]. Exatamente por isso que a inclusão dessas cláusulas é comum, para assegurar que a relação será somente com a parte com quem originalmente se contratou.

É nesse meio extremamente fértil que se enquadra a espécie de cláusula padrão recorrente ora analisada, chamada, como já adiantado pela introdução, de cláusula de *no waiver* ou cláusula de tolerância. Essa cláusula pode apresentar diversas redações distintas, mas em geral pretende evitar que haja qualquer mudança nas disposições contratuais escritas em contrato por meio do comportamento das partes, buscando driblar regras comumente encontradas na legislação de muitos países, que buscam proteger a expectativa legítima das partes ou dar significado a declarações tácitas de vontade[126].

Na maioria das jurisdições, essas disposições contratuais provavelmente contribuirão para que juízes ou árbitros não qualifiquem uma simples renúncia ou omissão como a renúncia total de um determinado direito[127]. Contudo, não é garantido que a eficácia ou as consequências jurídicas serão as mesmas em todos os países ou sistemas jurídicos, o que justamente torna relevante o estudo desenvolvido neste livro.

A cláusula de *no waiver* ou "cláusula de tolerância" é inserida com frequência nos contratos atuais, mas sem que haja maiores reflexões sobre sua validade ou eficácia e quais serão as consequências jurídicas de sua introdução no regime contratual. Ao contrário do que se poderia pensar, muito mais do que uma cláusula de disposição final, ela pode vir a ser uma disposição muito relevante para diversas pretensões e litígios envolvendo um contrato, especialmente em relações de longa duração e de trato sucessivo. Por isso, demonstra-se extremamente relevante o

[125] STARK, Tina L. **Drafting Contracts**: how and why Lawyers do what they do. 2ª ed. New York: Wolters Kluwer Law & Business, 2014, p. 220. *E-book*.

[126] CORDERO-MOSS, Giuditta. Conclusion: the self-sufficient contract, uniformly interpreted on the basis of its own terms: an illusion, but not fully useless. *In*: CORDERO-MOSS, Giuditta (ed.). **Boilerplate Clauses, International Commercial Contracts and the Applicable Law**. New York: Cambridge University, 2011, p. 344-371, p. 355-356.

[127] ZARFE, David; BLOOM, Michael. **Contracts and Commercial Transactions**. New York: Wolters Kluwer, 2011. *E-Book*.

estudo de sua origem, de suas funções e das suas consequências jurídicas, sob a perspectiva do direito contratual brasileiro.

1.1.2. A origem da cláusula de *no waiver* em sistemas de *Common Law*

Como mencionado no subcapítulo anterior, a cláusula de *no waiver*, uma cláusula recorrente frequentemente utilizada na redação de contratos, tem por objetivo evitar que inferências sejam retiradas do comportamento das partes, do atraso ou da omissão em exercer um direito[128]. A preocupação das partes que adotam essa cláusula em sua minuta contratual é justamente evitar a perda ou supressão de direitos pelo simples comportamento.

Ou seja, esse tipo de cláusula tenta barrar figuras que atuam na proteção das legítimas expectativas, como, no direito inglês, são *estoppel* ou *waiver by election*[129], por exemplo. São figuras derivadas de uma certa concepção moral, que surgiram da doutrina da *equity*[130] com o objetivo de proteger as partes de fraudes ou comportamentos desleais e contraditórios[131]. Para melhor compreender a criação dessa cláusula recorrente, deve-se, portanto, dar um passo atrás e entender a origem da proteção

[128] PEEL, Edwin. The Common Law tradition: application of boilerplate clauses under English Law. *In*: CORDERO-MOSS, Giuditta (ed.). **Boilerplate Clauses, International Commercial Contracts and the Applicable Law**. New York: Cambridge University, 2011, p. 129-178, p. 144.

[129] Tanto a *estoppel* quanto a *waiver by election* são figuras que buscam proteger a confiança da parte em um comportamento da outra. A *waiver by election* é espécie de renúncia tácita, quando a parte que poderia resolver um contrato por inadimplemento nada o faz e, portanto, se entende que ela renunciou a esse direito. Já a *estoppel* busca proteger a parte da legítima expectativa que criou por conta de uma conduta da outra quando a outra nega essa expectativa. PEEL, Edwin. The Common Law tradition: application of boilerplate clauses under English Law. *In*: CORDERO-MOSS, Giuditta (ed.). **Boilerplate Clauses, International Commercial Contracts and the Applicable Law**. New York: Cambridge University, 2011, p. 129-178, p. 144.

[130] Usa-se aqui a expressão em inglês para diferenciar da noção de equidade histórica, vista como uma justificação filosófica para reformas legais e um princípio geral de interpretação. A *Equity*, no direito inglês, apesar de estar ligada a uma noção de ética e justiça, é um ramo do direito formado por princípios e máximas, desenvolvido pelas *Courts of Chancery*. Para essa definição ver: YNTEMA, Hessel. E. Equity in the Civil Law and the Common Law. **The American Journal of Comparative Law**, v. 15, n. 1-2, p. 60-86, 1966.

[131] HUDSON, Alastair. **Equity and Trusts**. 6ª ed. New York: Routledge-Cavendish, 2010, p. 959.

das legítimas expectativas no direito inglês, bem como o porquê de os contratantes pretenderem dispensar sua utilização.

Antes do surgimento da *equity*, o direito inglês era apenas o que hoje é conhecido pelos regramentos denominados de *Common Law*[132], sendo que somente esses regramentos eram aplicáveis quando do julgamento dos casos perante as cortes, devendo as partes "encaixar" suas demandas dentre as variadas *forms of action* (formulários de ações)[133]. Contudo, a inabilidade das cortes de *Common Law* em lidar com algumas matérias e sua crescente rigidez no julgamento[134] fez com que os ingleses passassem a levar seus litígios diretamente ao Conselho do Rei, a fim de que suas pretensões fossem ouvidas e decididas de forma mais "justa", de acordo com os valores morais e de justiça do *Lord Chancellor* (Lorde Chanceler). Foi a partir desses julgamentos que foram tomados pela *Chancery*, liderada pelo *Lord Chancellor*, que surgiu a *equity*[135].

Na idade moderna, depois do rápido desenvolvimento da *equity*, esse ramo do direito passou também a enrijecer, formando um sistema de

[132] A diferença entre *Equity* e *Common Law* é a distinção fundamental no direito inglês, como é a distinção entre direito público e privado nos ordenamentos de *Civil Law*. Como já se delineou, a *Equity* é um ramo do direito formado por princípios e máximas, desenvolvido pelas *Courts of Chancery*, enquanto a *Common Law*, são as regras elaboradas pelas Cortes de Westminster, submetidas a um formalismo procedimental maior. Para essa distinção, ver: DAVID, René; JAUFFRET-SPINOSI, Camille; GORÉ, Marie. **Les grands systèmes de droit contemporains**. 12ª ed. Paris: Dalloz, 2016, p. 274-278.

[133] A unificação do direito inglês sob o termo *Common Law* foi um dos grandes sucessos de William I e seus sucessores ao longo dos séculos XII e XIII. A integração do sistema feudal inglês sob o comando rei foi o que possibilitou desde muito cedo essa unificação do direito, que foi feita ao longo dos séculos com a criação de diversos tipos de ações (*writs ou forms of action*) que poderiam ser utilizadas para alcançar os direitos pretendidos. No direito inglês não houve relevância à ideia de codificação ou grande influência do direito romano, motivo pelo qual o seu desenvolvimento foi bastante distinto dos demais sistemas jurídicos europeus. Sobre a história do desenvolvimento do direito inglês, ver: ZWEIGERT, Konrad; KÖTZ, Hein. **An Introduction to Comparative Law**. Trad. Tony Weir. New York: Oxford, 1998, p. 181-187.

[134] DUDDINGTON, John. **Essentials of Equity and Trusts Law**. Essex: Pearson Education, 2006, p. 09.

[135] DUDDINGTON, John. **Essentials of Equity and Trusts Law**. Essex: Pearson Education, 2006, p. 10.

regras e princípios mais definidos[136], menos individualizados para caso a caso. Criaram-se as máximas, os princípios e as regras da *equity*[137].

Assim, pode-se dizer que *equity* é basicamente o conjunto de princípios derivados de julgamentos das *Courts of Chancery*, que serviram para equilibrar o rigor do *Common Law* e alcançar justiça em casos individuais, sob uma noção de correção, ética[138]. Foi a maneira de se flexibilizar o formalismo processual do sistema de *writs*, a fim de que se alcançasse a justiça em um maior número de casos. O sistema de *writs* foi, em sua gênese, uma maneira extraordinária de o rei interferir nas relações para trazer justiça ao caso concreto[139]. No entanto, acabaram por se tornar o remédio ordinário[140]. Apesar disso, os *writs* mantiveram sua característica de rigor de aplicação, isto é, se uma situação não se enquadrasse em um *writ* a ação falharia[141].

Com o desenvolvimento desses princípios derivados dos julgamentos do *Lord Chancellor* pelas cortes, foram surgindo dois grandes eixos de justiça: o *Common Law* e a *equity*. Cabia aos litigantes decidir qual dos sistemas de regras seria necessário para resolver o seu caso concreto[142]. Então, pode-se dizer que a *equity* foi desenvolvida para trazer justiça às cortes, dispensar o formalismo e o rigor dos *writs*, tendo para tanto desenvolvido uma larga gama de pretensões e defesas[143].

Conquanto os dois sistemas de justiça posteriormente tenham vindo a ser reunidos e unificados perante as cortes por meio dos *Judicature Acts*,

[136] DUDDINGTON, John. **Essentials of Equity and Trusts Law**. Essex: Pearson Education, 2006, p. 13.

[137] DUDDINGTON, John. **Essentials of Equity and Trusts Law**. Essex: Pearson Education, 2006, p. 13.

[138] HUDSON, Alastair. **Understanding Equity and Trusts**. London: Routledge-Cavendish, 2001, p. 01.

[139] HAZARD, George. C. The Early Evolution of the Common Law Writs: A Sketch. **The American Journal of Legal History**, v. 6, n. 2, 115-122, 1962, p. 121.

[140] HAZARD, George. C. The Early Evolution of the Common Law Writs: A Sketch. **The American Journal of Legal History**, v. 6, n. 2, 115-122, 1962, p. 120.

[141] HAZARD, George. C. The Early Evolution of the Common Law Writs: A Sketch. **The American Journal of Legal History**, v. 6, n. 2, 115-122, 1962, p. 121.

[142] HUDSON, Alastair. **Understanding Equity and Trusts**. London: Routledge-Cavendish, 2001, p. 01.

[143] HUDSON, Alastair. **Understanding Equity and Trusts**. London: Routledge-Cavendish, 2001, p. 04.

as suas noções continuam sendo estudadas de forma separada e independente[144]. Ou seja, muito embora a parte possa utilizar-se do *Common Law* e da *equity* perante a mesma corte para solucionar um litígio, o seu estudo permanece independente. Trata-se de uma distinção que é tão importante para os países de *Common Law* como é a distinção tradicional entre direito público e direito privado nos países de *Civil Law*.

Dentre esses princípios da *equity* estão as máximas que originaram a limitação ao comportamento contraditório: "*he who seeks equity must do equity*" (aquele que busca a *equity* deve fazer a *equity*) e "*he who comes into equity must come with clean hands*" (aquele que se utiliza da *equity* de vir de mãos limpas). Essas máximas preveem que uma parte que ajuíza uma ação requerendo um provimento com fundamentado na *equity* não pode ter agido em contrariedade à *equity*[145]. Ou seja, são fundamentos que impedem uma parte de ter um comportamento contraditório quando do exercício do seu direito de ação.

Essas máximas vieram a desenvolver o instituto da *estoppel*[146], o qual busca proteger a parte que confiou legitimamente em outra do prejuízo que surgir quando essa outra parte nega a declaração ou a expectativa que criou[147]. O instituto é dividido em três grandes categorias, de acordo com o ato que leva ao investimento de confiança: (i) *estoppel of record*, (ii) *estoppel by deed* (ou *by writing*) e (iii) a *estoppel in pais*. Essa última refere-se ao investimento de confiança feito por conta de conduta da parte, enquanto as duas primeiras se referem a registros de cortes e escrituras[148].

Uma das formas de *estoppel* por conduta da parte fundada na *equity*, chamada de *equitable* ou *promissory estoppel*, evita o exercício de direitos,

[144] DUDDINGTON, John. **Essentials of Equity and Trusts Law**. Essex: Pearson Education, 2006, p. 09.

[145] HUDSON, Alastair. **Understanding Equity and Trusts**. London: Routledge-Cavendish, 2001, p. 09.

[146] Não há correspondente exato na língua portuguesa para o termo, mas entende-se o instituto como similar a *supressio*.

[147] HEPBURN, Samantha. **Principles of Equity and Trusts**. 2ª ed. London: Cavendish Publishing, 2001, p. 161.

[148] HEPBURN, Samantha. **Principles of Equity and Trusts**. 2ª ed. London: Cavendish Publishing, 2001, p. 584; TREITEL, Guenter. **The Law of Contract**. 11. ed. London: Sweet & Maxwell Limited, 2003, p. 115-117.

impedindo que se mude de comportamento após feita uma promessa, a qual pode ser expressa ou aferida por comportamento da parte[149]. Pode-se dizer que a *promissory estoppel* é, portanto, a figura utilizada como matéria de defesa a impedir-se o exercício jurídico contraditório no direito contratual inglês[150].

A *promissory estoppel* é instituto com origem mista entre *equity* e *Common Law*, sendo comumente descrito por desempenhar, nos sistemas jurídicos de *Common Law*, a função que a *suppressio* desempenhou no ordenamento alemão[151]. Contudo, como se verá nos tópicos seguintes, a origem e contextos distintos dos institutos fazem com que tenham consequências jurídicas distintas em determinados casos.

Para fins de concreção, o caso precursor da *promissory estoppel* é o caso *Hughes v Metropolitan Railway*, julgado pela *House of Lords* em 1877[152]. Nesse caso, a *House of Lords*, última instância do julgamento, impediu que o locador resilisse o contrato, pois ele havia levado o locatário a acreditar que as negociações entre eles levariam à renovação do contrato de locação e por isso o locatário não havia manifestado atempadamente a intenção de renovar automaticamente o contrato.

Na história mais recente, o precedente mais comentado sobre a figura da *promissory estoppel* há de ser o caso *Central London Property Trust v High Trees House*. No caso, *High Trees* era o locatário de um bloco de apartamentos de Central London Property. Durante a II Guerra Mundial, o locador concedeu um desconto de 50% no aluguel. Quando os apartamentos voltaram à ocupação normal em 1945, o locador requereu o pagamento da diferença durante o período da guerra. O julgamento reconheceu que os pagamentos anteriores não seriam devidos[153].

149 TREITEL, Guenter. **The Law of Contract**. 11ª ed. London: Sweet & Maxwell Limited, 2003, p. 115-117.

150 MARTINS-COSTA, Judith. **A Boa-Fé no Direito Privado**: critérios para sua aplicação. 2ª ed. São Paulo: Saraiva, 2018, p. 672-673.

151 NEVES, Julio Gonzaga Andrade. **A suppressio (Verwirkung) no Direito Civil**. São Paulo: Almedina, 2016, p. 59-60.

152 REINO UNIDO. House of Lords, **App. Cas. 439**, Hughes v Metropolitan Railway Co. Judge Lord Cairns LC, Westminster, 5 jun. 1877.

153 REINO UNIDO. High Court. **KB 130**, Central London Property Trust v High Trees House. Judge Denning, 18 jul. 1946.

Assim, em ambos os casos mencionados a *promissory estoppel* foi utilizada como um meio de defesa para que o contratante que confiou na conduta do seu cocontratante evitasse o uso de um direito deste em contrariedade à sua conduta inicial. O uso do *estoppel* para "barrar" o direito do contratante é, então, apenas um meio de defesa judicial em ambos os casos. Isso porque a *promissory estoppel* se encontra adstrita ao campo de defesa no direito inglês, agindo sobre os efeitos de uma promessa[154]. Essa qualificação como defesa é relevante, pois leva a entender que o instituto não será aplicável como uma "causa de ação" (*cause of action*) no direito inglês. No entanto, o mesmo não pode ser dito de outras jurisdições de *Common Law*, como é o caso dos Estados Unidos, em que a *promissory estoppel* é usada para reconhecer novos direitos[155], não se aplicando, nesse caso, o famoso brocardo "*estoppel is a shield, not a sword*" (*estoppel* é um escudo, não uma espada)[156].

No caso americano *Ricketts v. Scothorn*, o avô havia entregado gratuitamente à sua neta uma nota promissória para que ela abandonasse o emprego. A neta, após a morte do avô, busca a sua execução, o que é permitido pela Suprema Corte de Nebraska, apesar da ausência de contrapartida econômica por parte da neta[157]. Mesmo diante da ausência de *consideration*, a Suprema Corte de Nebraska entendeu que a nota deveria ser paga, reconhecendo o uso da *promissory estoppel* como fundamento jurídico para a exequibilidade da nota. No direito inglês, no entanto, o brocardo "*estoppel is a shield not a sword*" permanece aplicável, conforme reiterado no julgamento do caso *Combe v. Combe*, em que a esposa não

[154] TREITEL, Guenter. **The Law of Contract**. 11ª ed. London: Sweet & Maxwell Limited, 2003, p. 116.

[155] ESTADOS UNIDOS. Supreme Court of Nebraska. **Appeal n. 8526, 57 Neb. 51**, Ricketts v. Scothorn, Judge Surmivan, Lincoln, Nebraska, 8 dez. 1898; FARNSWORTH, Allan E. **Contracts**. 4ª ed. New York: Aspen Publishers, 2004, p. 93. Para uma síntese das diferenças entre o uso da *promissory estoppel* no direito inglês e no direito americano, ver: CALLEROS, Charles. Cause, Consideration, Promissory Estoppel, and Promises Under Deed: What Our Students Should Know About Enforcement of Promises in a Historical and International Context. **Chicago-Kent Journal of International and Comparative Law**, v. 13, n. 2, p. 83-120, jan. 2013.

[156] TREITEL, Guenter. **The Law of Contract**. 11ª ed. London: Sweet & Maxwell Limited, 2003, p. 116.

[157] ESTADOS UNIDOS. Supreme Court of Nebraska. **Appeal n. 8526, 57 Neb. 51**, Ricketts v. Scothorn, Judge Surmivan, Lincoln, Nebraska, 8 dez. 1898.

obteve sucesso em executar a promessa do marido de pagar pensão a ela, visto que a *promissory estoppel* não poderia ser utilizada como fundamento jurídico para a criação de obrigações[158].

Em relação ao suporte fático de aplicação da *promissory estoppel*, seja no direito americano ou no direito inglês, podem ser destacados quatro requisitos principais: (i) promessa clara; (ii) *belief* (crença na promessa); (iii) *unconsciability* (irrazoabilidade); (iv) *reliance* (confiança). A promessa deve ser clara, inequívoca, para que a *promissory estoppel* seja aplicada[159]. Isso não significa que a promessa não possa ser deduzida da conduta, mas a mera demora em exercer um direito contrato normalmente não será suficiente[160].

A crença na promessa (*belief*) que é requerida da parte que faz uso da defesa da *estoppel* é a principal diferença entre as várias concepções do instituto[161]. No caso da *promissory estoppel*, a crença que deve existir é de que os direitos de uma parte não serão exigidos, devendo haver um fato que justifique a crença nesse estado de coisas[162].

O requisito da *unconsciability* significa que o comportamento da parte em contradição deve ser irrazoável para que seja possível a aplicação da *estoppel*[163]. Já o requisito da *reliance* significa que a promessa feita deve ter, de alguma forma, influenciado a conduta da parte para quem ela foi feita[164]. A força desse requisito dependerá do tipo de *estoppel*, pois poderá ser mais ou menos rigorosa a noção de *reliance* a depender de qual tipo de *estoppel* estiver sendo utilizado como meio de defesa.

[158] REINO UNIDO. Court of Appeal. **2 KB 215**, Combe v. Combe, Judge Denning LJ, Westminster, 6 mar. 1951.

[159] TREITEL, Guenter. **The Law of Contract**. 11ª ed. London: Sweet & Maxwell Limited, 2003, p. 107.

[160] TREITEL, Guenter. **The Law of Contract**. 11ª ed. London: Sweet & Maxwell Limited, 2003, p. 109.

[161] HUDSON, Alastair. **Equity and Trusts**. 6ª ed. New York: Routledge-Cavendish, 2010, p. 587.

[162] HUDSON, Alastair. **Equity and Trusts**. 6ª ed. New York: Routledge-Cavendish, 2010, p. 587.

[163] HUDSON, Alastair. **Equity and Trusts**. 6ª ed. New York: Routledge-Cavendish, 2010, pp. 586-587.

[164] TREITEL, Guenter. **The Law of Contract**. 11ª ed. London: Sweet & Maxwell Limited, 2003, p. 109.

Em caso de *promissory estoppel*, por exemplo, não se exige que tenha havido efetivo prejuízo da parte que faz uso da *estoppel*[165]. Assim, pode-se dizer que o requisito da *reliance* é menos relevante em caso de *promissory estoppel* do que em outras formas de *estoppel*, como ocorre na *proprietary estoppel*[166].

A existência dessas figuras como meios de defesa contra o exercício de um direito contratual da parte que contradissesse uma conduta sua fez com que as partes objetivassem excluir sua aplicação em determinadas relações contratuais. Sendo assim, a origem da cláusula de *no waiver* está diretamente relacionada à origem das formas de renúncia por comportamento e na proteção da legítima expectativa dos contratantes contra o abuso de um direito formal[167], como é o caso da *estoppel*.

Outro exemplo de instituto inglês que pretende ser evitado a partir da pactuação da cláusula de *no waiver* é o caso da *waiver by election*. Essa figura é a mais clássica forma de renúncia tácita no direito inglês, pois consiste justamente na interpretação de uma escolha da parte como renúncia ao seu direito de resolução contratual. Isso porque uma parte, perante o inadimplemento, terá duas opções em relação à manutenção da relação contratual com a sua contraparte (a que descumpriu sua obrigação contratual): (i) resolver o contrato, ou, mesmo diante do inadimplemento, (ii) escolher por manter a relação contratual vigente[168]. Se ela nada faz quando o razoável seria que atuasse imediatamente requerendo a resolução, pode-se inferir que ela escolheu manter o contrato.

[165] TREITEL, Guenter. **The Law of Contract.** 11ª ed. London: Sweet & Maxwell Limited, 2003, p. 109.

[166] HUDSON, Alastair. **Equity and Trusts.** 6ª ed. New York: Routledge-Cavendish, 2010, p. 587.

[167] CORDERO-MOSS, Giuditta. Conclusion: the self-sufficient contract, uniformly interpreted on the basis of its own terms: an illusion, but not fully useless. *In*: CORDERO-MOSS, Giuditta (ed.). **Boilerplate Clauses, International Commercial Contracts and the Applicable Law.** New York: Cambridge University, 2011, p. 344-371, p. 355-356.

[168] PEEL, Edwin. The Common Law tradition: application of boilerplate clauses under English Law. *In*: CORDERO-MOSS, Giuditta (ed.). **Boilerplate Clauses, International Commercial Contracts and the Applicable Law.** New York: Cambridge University, 2011, p. 129-178, p. 144.

Dessa forma, opera por comportamento, nesse caso, renúncia ao direito de reclamar pela violação contratual[169]. Ademais, a repetição nesse comportamento de escolha por manter o contrato frente a uma violação contratual muitas vezes pode até operar como uma modificação contratual, entendendo-se, por exemplo, que determinado comportamento não representa mais inadimplemento[170].

Para contratantes mais acostumados a corriqueiramente firmar contratos e estabelecer relações comerciais, no entanto, tais proteções podem significar certa insegurança e, então, passa a ser sua intenção as excluir de suas relações comerciais para que haja a garantia de que podem fazer uso das soluções convencionais pactuadas no contrato sempre que entendam adequado, mesmo que a expectativa da parte adversa seja em sentido contrário. Nesses casos, é preferível regrar, em contrato, interpretação e consequências distintas das que as cortes atribuem a um determinado comportamento, como ocorre com a cláusula de *no waiver*.

Ou seja, no direito inglês a cláusula de *no waiver* passa a ser prevista para evitar que do comportamento das partes as cortes possam interpretar renúncia a algum direito contratual, impedindo o seu exercício. Assim, a cláusula acabou por ter como objetivo influenciar nas inferências que serão retiradas de um atraso ou falha no exercício de um direito contratual[171]. Noutras palavras, as partes pretendem que, com a inclusão da cláusula de *no waiver,* as cortes, em vez de se concluir por uma renúncia de direito (waiver), concluirão que o direito ainda pode ser exercido. Portanto, pode-se dizer que seu objetivo principal é salvaguardar direito da parte se ela decide se quedar inerte perante um inadimplemento contratual[172].

[169] PEEL, Edwin. The Common Law tradition: application of boilerplate clauses under English Law. *In*: CORDERO-MOSS, Giuditta (ed.). **Boilerplate Clauses, International Commercial Contracts and the Applicable Law**. New York: Cambridge University, 2011, p. 129-178, p. 144.

[170] PERILLO, Joseph M. **Contracts.** 7ª ed. Kindle. Saint Paul: LEG Inc., 2014, p. 424.

[171] PEEL, Edwin. The Common Law tradition: application of boilerplate clauses under English Law. *In*: CORDERO-MOSS, Giuditta (ed.). **Boilerplate Clauses, International Commercial Contracts and the Applicable Law**. New York: Cambridge University, 2011, p. 129-178, p. 144.

[172] SINGH, Arun. **Business and Contract Law**. London: Thorogood, 2010, p. 92.

Não é sempre que a omissão no exercício de algum direito será vista como uma renúncia; contudo, o atraso ou omissão repetidos poderia, em alguns casos, ser visto dessa forma, seja por conta da operação do *estoppel* ou de outros institutos acima delineados. Por esse motivo, a previsão da cláusula obsta que o não exercício de um direito impeça o seu exercício futuro, em outra oportunidade[173].

Colocando em um caso concreto, pode-se cogitar de contratantes que pactuam que as alterações contratuais serão somente por escrito (*no oral modifications clause*), mas, analisando as circunstâncias, os julgadores entendem que o comportamento das partes em sempre modificar oralmente as previsões pode ser uma "renúncia" a essa previsão contratual[174]. Nesse caso, a inclusão da cláusula de *no waiver* vem, então, para evitar que as cortes concluam do comportamento das partes que houve renúncia.

Assim, considerando a prioridade que o direito inglês e americano dá aos pactos livremente constituídos entre as partes, a cláusula servirá, na grande maioria das vezes, para a finalidade proposta, visto que as cortes quase sempre tenderão a respeitar a vontade das partes de afastar a interpretação de renúncia de seus comportamentos[175]. Dessa maneira, a cláusula de *no waiver* passa a ser recorrentemente incluída em contratos modelo para que os contratantes sempre possam fazer uso dos remédios contratuais, independentemente de seu comportamento.

É claro que, mesmo no direito inglês, as cortes podem examinar uma cláusula contratual recorrente e um contrato modelo e ponderar sobre sua eficácia diante de noções de razoabilidade, justiça e boa-fé por interpretação, mas tal intervenção ocorre em limitadas exceções[176]. Nos siste-

[173] SINGH, Arun. **Business and Contract Law.** London: Thorogood, 2010, p. 93.

[174] BIX, Brian. **Contract Law**: rules, theory, and context. Cambridge: Cambridge University Press, 2012, p. 66. *E-Book.*

[175] PEEL, Edwin. The Common Law tradition: application of boilerplate clauses under English Law. *In*: CORDERO-MOSS, Giuditta (ed.). **Boilerplate Clauses, International Commercial Contracts and the Applicable Law.** New York: Cambridge University, 2011, p. 129-178, p. 178.

[176] PEEL, Edwin. The Common Law tradition: application of boilerplate clauses under English Law. *In*: CORDERO-MOSS, Giuditta (ed.). **Boilerplate Clauses, International Commercial Contracts and the Applicable Law.** New York: Cambridge University, 2011, p. 129-178, p. 178.

mas de *Civil Law*, por outro lado, a intervenção das cortes nos contratos é muito mais frequente[177]. Exatamente por isso que nos próximos tópicos se examinará a transposição desses modelos de *Common Law* aos sistemas jurídicos de *Civil Law* e como as cortes recepcionam, ou não, tais noções.

1.2. O estado da arte nos sistemas jurídicos de *civil law*

A proliferação de relações contratuais ao longo dos anos se deve a diversas razões, dentre elas o liberalismo-econômico, o surgimento de novas tecnologias, a evolução das relações sociais e, como mencionado acima, a influência dos países de *Common Law*[178]. Esses sistemas jurídicos são tradicionalmente vistos como hostis à lei e à intervenção estatal, motivo pelo qual dão mais força à organização das relações pelas partes[179].

Assim, o foco desta subparte será estudar como os sistemas de *Civil Law* reagem a essa influência, abordando-se especificamente a transposição dos modelos de *Common Law* a esses sistemas e a sua recepção, destacando os institutos jurídicos afetados e que se contrapõem à cláusula de *no waiver*.

1.2.1. A transposição de contratos-modelo dos sistemas de *Common Law* para os sistemas de *Civil Law*

A utilização de modelos de contratos ingleses ou americanos tem se tornado extremamente comum, se não majoritária em sistemas de *Civil Law*[180], apesar das já conhecidas diferenças entre os dois sistemas. A utilização desses contratos é resultado de um processo que se iniciou de

[177] Sobre o ponto, é importante esclarecer que essa afirmação ainda se sustenta em sistemas de *civil law*, como o Brasil, muito embora as tentativas dos legisladores de restringir essa intervenção, como é o caso da recente promulgação da Lei da Liberdade Econômica no Brasil.

[178] JAUFFRET-SPINOSI, Camille. Le Contract: Rapport de Synthèse. *In*: **Travaux de L'Association Henri Capitant des Amis de La Culture Juridique Française**. Tome LV. Paris: Société de Législation Comparée, 2005, p. 01-22, p. 04.

[179] JAUFFRET-SPINOSI, Camille. Le Contract: Rapport de Synthèse. *In*: **Travaux de L'Association Henri Capitant des Amis de La Culture Juridique Française**. Tome LV. Paris: Société de Législation Comparée, 2005, p. 01-22, p. 04.

[180] CORDERO MOSS, Giuditta. **Anglo-American Contract Models and Norwegian or Other Civilian Governing Law**: introduction and method. Oslo: AiT, 2007, p. 17.

certa forma inconscientemente e que foi tomando forma ao longo das décadas pela facilidade no uso de modelos ingleses ou americanos coletados em livros, visto que a maioria das transações internacionais tinha como língua principal o inglês[181]. Apesar de a recorrência da língua inglesa ser um ou o principal motivo para tal utilização, várias outras justificativas podem ser elencadas para tal fenômeno.

Grande parte do mundo, mas principalmente os países latino-americanos, são seduzidos pela utopia da "terra dos livres", representada principalmente pelos Estados Unidos, o que faz com que a informação proveniente do local seja mais comumente aceita pelos estudiosos e, portanto, aproxima-os do "modelo americano"[182]. Outro motivo é também a maior força das empresas e mercados anglo-americanos no desenvolvimento econômico e nas transações internacionais, o que fez com que os termos típicos do *Common Law* fossem priorizados aos de *Civil Law*[183].

A utilização de contratos-modelo do *Common Law* também tem como origem um fenômeno que pode ser denominado de "globalização" do direito americano[184], ou seja, a expansão do direito americano para outros países. Como se pode observar, são os mais variados motivos apontados pela doutrina para a expansão do direito americano, semelhantemente ao que ocorreu com a expansão desenfreada da cultura do *american way of life* através de filmes, produtos e propagandas.

Dentre todos esses motivos, pode-se apontar como um dos mais relevantes a existência das grandes bancas internacionais de advocacia com matriz nos Estados Unidos e sedes em outros países, as quais influenciaram a adoção da forma de organização norte-americana do trabalho do

[181] CORDERO MOSS, Giuditta. **Anglo-American Contract Models and Norwegian or Other Civilian Governing Law**: introduction and method. Oslo: AiT, 2007, p. 18.

[182] MONZON, Jose Maria. The Growing Role of American Legal Culture. **FIU Law Review**, v. 4, n. 1, p. 05-16, 2008, p. 12.

[183] VETTESE, Maria Celeste. Multinational companies and national contracts. *In*: CORDERO-MOSS, Giuditta (ed.). **Boilerplate Clauses, International Commercial Contracts and the Applicable Law**. New York: Cambridge University, 2011, p. 20-32, p. 20.

[184] KELEMEN, R. Daniel; SIBBITT, Eric C. The Globalization of American Law. **International Organization**, v. 58, n. 1, Cambridge, 2004, p. 111.

advogado[185]. Para pintar a imagem, são os grandes escritórios, que atendem a todas as áreas, com cobranças e horas de trabalho elevadas e planos de carreira alongados.

Esse "modelo" de advocacia norte-americana foi transportado para os países em que as firmas se estabeleciam, exercendo certa pressão para que os escritórios locais se organizassem da mesma maneira[186]. Pode-se dizer que a expansão da cultura jurídica que antes, na época dos romanos e franceses, por exemplo, ocorria por meio da força, hoje ocorre pela atuação dos profissionais do direito e membros da academia[187]. Isso ocorreu no Brasil e influencia a maneira como se exerce a advocacia, sendo um dos fatores pelos quais ocorre o chamado "transplante" jurídico.

Aliás, tais modelos norte-americanos deixaram de ser apenas utilizados por uma facilidade de a língua inglesa ser a mais falada e estudada no mundo, passando a ser utilizados também em transações exclusivamente domésticas na língua local, no caso o português, a partir de traduções dos dispositivos contratuais mais conhecidos, dentre eles as cláusulas recorrentes, como a que é objeto deste livro. A prevalência da língua inglesa e da cultura jurídica anglo-americana resulta numa não agradável imposição dos institutos jurídicos do *Common Law* sob a equivocada concepção de se considerar o inglês superior[188]. Aí reside o maior perigo.

Enquanto a utilização dos modelos de *Common Law* para a minuta de contratos em língua inglesa pode vir a garantir uma maior fluência da linguagem, tendo como resultado um contrato mais linguisticamente coerente do que se os conceitos da lei aplicável fossem simplesmente traduzidos ao inglês[189], a utilização de cláusulas recorrentes desses

[185] KELEMEN, R. Daniel; SIBBITT, Eric C. The Globalization of American Law. **International Organization**, v. 58, n. 1, Cambridge, 2004, p. 111.

[186] KELEMEN, R. Daniel; SIBBITT, Eric C. The Globalization of American Law. **International Organization**, v. 58, n. 1, Cambridge, 2004, p. 111.

[187] DUTRA, Deo Campos. Transplantes Jurídicos: história, teoria e crítica no Direito Comparado. **Revista da Faculdade de Direito da UFRGS**, Porto Alegre, n. 39, p. 76-96, dez. 2018, p. 84.

[188] ODY, Lisiane Feiten Wingert. Direito e Linguagem. *In*: ODY, Lisiane Feiten Wingert (org.). **Direito Comparado Alemanha-Brasil**: temas de direito privado em estudos originais e traduzidos. Porto Alegre: Faculdade de Direito da UFRGS, 2022, p. 9-20, p. 17.

[189] CORDERO MOSS, Giuditta. **Anglo-American Contract Models and Norwegian or Other Civilian Governing Law**: introduction and method. Oslo: AiT, 2007, p. 19.

modelos traduzidas para a língua local não possui esse benefício e pode ser inclusive bastante maléfica. Isso porque, além da tradução – certas vezes, meramente literal e desatenta a falsos cognatos – dos termos jurídicos poder levar a uma confusão de significado, também se está inserindo em uma realidade jurídica diversa um conceito contratual advindo de outra cultura jurídica, sem atentar-se às peculiaridades de cada sistema jurídico.

Apesar disso, muitos modelos contratuais internacionais permanecem sendo utilizados sem se considerar essas peculiaridades, seja por uma confiança excessiva do redator na autossuficiência do instrumento, seja porque seria muito oneroso ajustar as cláusulas de cada modelo contratual às peculiaridades de cada caso específico[190]. Afinal, mesmo que nem toda a disposição contratual tenha o mesmo sentido ou consequência jurídica quando interpretada por diferentes cortes ou sistemas jurídicos, a presença de uma determinada cláusula, mesmo que inválida, pode vir a influenciar o comportamento da parte, pois não é toda a disputa contratual que é judicializada[191].

Assim, o advogado diligente deve, além de revisar atentamente os termos contratuais colocados, estar familiarizado com as regras jurídicas e temas relevantes da doutrina do país em que esses conceitos estão sendo transpostos[192]. Caso o sistema jurídico não seja o de sua proveniência, o advogado deve conhecer o mínimo dos problemas daquela jurisdição para que possa formular, a um advogado experiente dela, questionamentos sobre eventuais problemas advindos daquela redação contratual.

Contudo, o que ocorre no comércio internacional muitas vezes se afasta desse *standard*. Diferentemente, fato é que o uso repetitivo e desavisado de alguns desses conceitos tem por tendência a confusão de conceitos jurídicos do nosso próprio sistema, podendo ter consequências

[190] CORDERO-MOSS, Giuditta. Introduction. *In*: CORDERO-MOSS, Giuditta (ed.). **Boilerplate Clauses, International Commercial Contracts and the Applicable Law**. New York: Cambridge University, 2011, p. 01-06, p. 04.

[191] CORDERO-MOSS, Giuditta. Introduction. *In*: CORDERO-MOSS, Giuditta (ed.). **Boilerplate Clauses, International Commercial Contracts and the Applicable Law**. New York: Cambridge University, 2011, p. 01-06, p. 05.

[192] DEL DUCA, Patrick. Boilerplate in Commercial Contracts. *In*: ALPA, Guido (Org.). **Le Clausole dei Contratti del Commercio Internazionale:** seminario del 20 giugno 2014. Milano: Giuffrè, 2016, p. 73-77, p. 77.

desastrosas para o sistema jurídico como um todo[193]. Por conta desse fenômeno, alguns estudiosos do direito comparado e do direito civil são contrários ao chamado "transplante" de modelos jurídicos[194].

Para fins de clareza teórica, compreende-se como modelo jurídico, adotando-se a concepção do professor Miguel Reale, um complexo de regras objetivadas ou formalizadas segundo os requisitos exigidos pelo ordenamento jurídico para cada modalidade de fonte do direito[195]. São espécies de modelos jurídicos os modelos jurídicos legais, os quais podem resultar tanto de leis como de decretos; os modelos costumeiros, derivadas dos usos e costumes; os modelos jurisdicionais, derivados de decisões judiciais de primeira e segunda instância; e, por fim, os modelos negociais[196].

Dentre esses modelos, aponta-se, neste livro, a categoria específica dos modelos jurídicos negociais, os quais resultam do acordo das vontades[197]. O transplante de modelos jurídicos negociais para sistemas legais diferentes pode causar problemas relacionados à eficácia e à validade dessas cláusulas contratuais recorrentes, devido à existência de requisitos legais da legislação local[198]. Afinal, como se sabe, os modelos negociais não podem ser constituídos em conflito com os modelos legais[199].

Por esse motivo, é bastante relevante que, antes de transplantar um modelo jurídico negocial (ou qualquer modelo jurídico, em verdade),

[193] VETTESE, Maria Celeste. Multinational companies and national contracts. *In*: CORDERO-MOSS, Giuditta (ed.). **Boilerplate Clauses, International Commercial Contracts and the Applicable Law**. New York: Cambridge University, 2011, p. 20-32, p. 22.

[194] Exemplificativamente, para Pierre Legrand, os transplantes jurídicos seriam impossíveis, por não poder a norma "viajar" a outro sistema devido a sua relação intrínseca com a sociedade da qual se origina. (LEGRAND, Pierre. The Impossibility of Legal Transplants. **Maastricht Journal of European and Comparative Law**, v. 4, n. 2, p. 111-124, 1997, p. 113).

[195] REALE, Miguel. **Fontes e Modelos do Direito**: um novo paradigma hermenêutico. São Paulo: Saraiva, 1994, p. 38.

[196] REALE, Miguel. **Fontes e Modelos do Direito**: um novo paradigma hermenêutico. São Paulo: Saraiva, 1994, p. 67-73.

[197] REALE, Miguel. **Fontes e Modelos do Direito**: um novo paradigma hermenêutico. São Paulo: Saraiva, 1994, p. 73.

[198] VETTESE, Maria Celeste. Multinational companies and national contracts. *In*: CORDERO-MOSS, Giuditta (ed.). **Boilerplate Clauses, International Commercial Contracts and the Applicable Law**. New York: Cambridge University, 2011, p. 20-32, p. 22.

[199] REALE, Miguel. **Fontes e Modelos do Direito**: um novo paradigma hermenêutico. São Paulo: Saraiva, 1994, p. 75.

seja detidamente analisado esse modelo, para verificar se ele pode ser transplantado de um sistema a outro[200]. Uma das funções principais do estudo de direito comparado é, portanto, examinar a maneira como esses formatos ou instituições jurídicas são transplantados[201].

Sendo assim, é fundamental para a percepção do nosso sistema jurídico a compreensão das origens e características dos modelos e modelo contratuais transplantados do direito americano, a fim de que se compreenda e se tenha uma melhor percepção de suas implicações no nosso sistema jurídico[202]. Aliás, tal estudo é importante até mesmo para debater de forma crítica a universalização dos modelos jurídicos (mais especificamente contratuais), ao analisar a possibilidade ou não de acomodação destes a um determinado sistema[203].

Nesse sentido, Michele Graziadei constata que a maioria dos transplantes jurídicos ainda ocorre em sistemas jurídicos que têm mais semelhanças do que diferenças, justamente porque essa importação de normas jurídicas seria facilitada pela existência de semelhança[204]. Contudo, comenta que, apesar do baixo número de sistemas jurídicos a serem considerados "mistos" pela doutrina, a ocorrência de empréstimos ou transplantes jurídicos tem se tornado cada vez mais comum, mesmo

[200] DUTRA, Deo Campos. Transplantes Jurídicos: história, teoria e crítica no Direito Comparado. **Revista da Faculdade de Direito da UFRGS**, Porto Alegre, n. 39, p. 76-96, dez. 2018, p. 83.

[201] SACCO, Rodolfo. Legal Formants: a dynamic approach to comparative Law. **The American Journal of Comparative Law**, v. 39, n. 2, p. 343-401, 1991, p. 388-389. Em suas palavras: "*Comparative Law not only enables one to know domestic Law better but to check hypotheses formulated in the sociological anlaysis of Law. Comparative Law thus becomes a go-between between legal scholarship and history, and between legal scholarship and general legal theory*".

[202] DUTRA, Deo Campos. Transplantes Jurídicos: história, teoria e crítica no Direito Comparado. **Revista da Faculdade de Direito da UFRGS**, Porto Alegre, n. 39, p. 76-96, dez. 2018, p. 78.

[203] DUTRA, Deo Campos. Transplantes Jurídicos: história, teoria e crítica no Direito Comparado. **Revista da Faculdade de Direito da UFRGS**, Porto Alegre, n. 39, p. 76-96, dez. 2018, p. 78-79.

[204] GRAZIADEI, Michele. Legal Transplants and the Frontiers of Legal Knowledge. **Theoretical Inquiries in Law**, v. 10, n. 2, p. 723-744, jul. 2009, p. 727.

entre sistemas jurídicos ou famílias de direito que não seriam consideradas tão permeáveis pela doutrina comparatista mais tradicional[205].

Trata-se justamente do que ocorre com a utilização dos modelos de contrato americanos nos países de *Civil Law*. Apesar das clássicas e reconhecidas diferenças entre as famílias, os profissionais seguem e insistem na importação desses modelos. Ocorre que, por mais que o texto do contrato possa ser copiado de uma jurisdição a outra, não necessariamente os efeitos jurídicos serão os mesmos, especialmente por conta da cultura jurídica de cada local.

Nesse contexto, Pierre Legrand entende que, por a interpretação depender da conjuntura intangível de uma comunidade internalizada pelo intérprete, é difícil conceber como um transplante de um modelo jurídico ocorreria[206]. Para o autor, o texto importado é inevitavelmente incutido de um sentido local diferente, o que faz dele uma nova regra, pois quando o entendimento de uma regra muda, seu sentido muda e, quando seu sentido muda, a regra muda[207].

Ou seja, no máximo o que pode ser transplantado de uma jurisdição a outra é um conjunto de palavras[208], pois a norma, por mais que com palavras idênticas, é modificada pelo contexto e cultura jurídica[209]. É nesse sentido que Humberto Ávila qualifica as normas jurídicas como "os sentidos construídos a partir da interpretação sistemática de textos normativos"[210]. Mesmo sendo esse um problema conhecido – o embate entre texto e norma –, os transplantes jurídicos seguem ocorrendo

[205] GRAZIADEI, Michele. Legal Transplants and the Frontiers of Legal Knowledge. **Theoretical Inquiries in Law**, v. 10, n. 2, p. 723-744, jul. 2009, p. 727.

[206] LEGRAND, Pierre. The Impossibility of Legal Transplants. **Maastricht Journal of European and Comparative Law**, v. 4, n. 2, p. 111-124, p. 115.

[207] LEGRAND, Pierre. The Impossibility of Legal Transplants. **Maastricht Journal of European and Comparative Law**, v. 4, n. 2, p. 117-118. Com base nessas conclusões, o autor afirma que os transplantes jurídicos são impossíveis, pois a regra que existia em um outro sistema jurídico não é magicamente transportada a outro, pois no outro passa a ser outra regra conforme a conjuntura interpretativa de cada comunidade.

[208] LEGRAND, Pierre. The Impossibility of Legal Transplants. **Maastricht Journal of European and Comparative Law**, vol. 4, n. 2, p. 111-124, 1997, p. 120.

[209] WATSON, Alan. **Legal Transplants and European Private Law**. Belgrade: University of Belgrade School of Law, 2016, p. 02.

[210] ÁVILA, Humberto. **Teoria dos Princípios**: da definição à aplicação dos princípios jurídicos. 16. ed. São Paulo: Malheiros, 2015, p. 50.

com cada vez mais frequência. A solução parece, portanto, passar por se questionar sobre qual é a mudança que um empréstimo de normas opera no sistema jurídico que foi transplantado[211].

Apesar das diferentes compreensões das críticas, das dificuldades e da complexidade de sua realização, o transplante jurídico pode ser uma grande maneira de evolução do direito local, se corretamente realizado. Alan Watson aduz, por exemplo, que esse empréstimo ou transplante seria o fator de maior relevância para as mudanças no direito[212].

Dessa maneira, o uso de modelos contratuais americanos pode ser analisado sob dois aspectos fundamentais: (i) seu uso pode ser prejudicial, pois os termos não são adaptados ao direito brasileiro, motivo pelo qual suas disposições podem não ter as mesmas consequências que sob o direito americano; ou (ii) pode ser encarado como um fator de mudança do nosso direito, a ser alvo de produção doutrinária e jurisprudencial a fim de dar interpretações coerentes ao sistema às disposições modelo.

Neste livro, a cláusula de *no waiver* será observada sob esses dois aspectos, observando-se o direito brasileiro como ponto de partida. Antes, contudo, cabe passar por uma análise mais generalista de sua recepção nos sistemas de *Civil Law*.

1.2.2. As diferenças fundamentais entre a cláusula de *no waiver* e seus efeitos nos sistemas jurídicos de *Common Law* e os sistemas de *Civil Law*

Estabelecidos os motivos pelos quais o uso de modelos contratuais norte-americanos ocorre com tanta frequência em outros países, inclusive de tradições jurídicas distintas, é importante, para melhor compreensão de como esses modelos são recepcionados, entender as diferenças principais nos regimes contratuais de *Civil Law* e *Common Law* que afetam a interpretação, a validade e a eficácia das cláusulas modelo, em especial da cláusula de *no waiver*. Em seu livro sobre cláusulas recorrentes, a professora Giuditta Cordero-Moss refere que as cláusulas, em um sistema de *Civil Law*, não serão totalmente independentes

[211] GRAZIADEI, Michele. Legal Transplants and the Frontiers of Legal Knowledge. **Theoretical Inquiries in Law**, v. 10, n. 2, p. 723-744, jul. 2009, p. 734.

[212] WATSON, Alan. **Legal Transplants and European Private Law**. Belgrade: University of Belgrade School of Law, 2016, p. 09.

da lei aplicável[213]. Isso porque nesses países o direito contratual e as cortes têm um papel geralmente mais ativo[214].

Por exemplo, nos países de *Civil Law* a aplicação literal de cláusulas recorrentes pode contrariar princípios fundamentais da lei aplicável, como é o caso da boa-fé[215] ou ainda da interpretação do contrato de acordo com a intenção comum das partes[216]. Apesar de, como visto acima, o *Common Law* conter mecanismos cujos efeitos se aproximam da aplicação do princípio da boa-fé em países de *Civil Law*, fato é que esses efeitos muitas vezes podem ser evitados por uma linguagem contratual clara, o que não é o caso nos sistemas de *Civil Law*[217]. Noutras palavras, na maioria das vezes, enquanto juízes alemães poderiam interpretar um contrato contra a sua linguagem com base na boa-fé, juízes ingleses deixariam o sentido literal do contrato prevalecer[218].

Outro ponto que diferencia os dois sistemas (isto é, *Civil Law* e *Common Law*), especialmente no que tange à aplicação de modelos contratuais, é a existência de normas que influenciam o conteúdo contratual (de forma cogente ou não) na legislação. Sendo assim, nos países de *Civil Law* o conteúdo contratual, por mais que se pretenda, não se exaure no texto do instrumento contratual, mas inclui também as dispo-

[213] CORDERO-MOSS, Giuditta. Introduction. *In*: CORDERO-MOSS, Giuditta (ed.). **Boilerplate Clauses, International Commercial Contracts and the Applicable Law**. New York: Cambridge University, 2011, p. 01-06, p. 03.

[214] CORDERO-MOSS, Giuditta. Introduction. *In*: CORDERO-MOSS, Giuditta (ed.). **Boilerplate Clauses, International Commercial Contracts and the Applicable Law**. New York: Cambridge University, 2011, p. 01-06, p. 03.

[215] CORDERO-MOSS, Giuditta. Does the use of Common Law contract models give rise to a tacit choice of Law or to a harmonised, transnational interpretation? *In*: CORDERO--MOSS, Giuditta (ed.). **Boilerplate Clauses, International Commercial Contracts and the Applicable Law**. New York: Cambridge University, 2011, p. 37-61, p. 48.

[216] MUÑOZ, Edgardo. Teaching Comparative Contract Law through the CISG. **Indonesian Journal of International & Comparative Law**, v. 4, p. 725-760, out. 2017, p. 741.

[217] CORDERO-MOSS, Giuditta. Does the use of Common Law contract models give rise to a tacit choice of Law or to a harmonised, transnational interpretation? *In*: CORDERO--MOSS, Giuditta (ed.). **Boilerplate Clauses, International Commercial Contracts and the Applicable Law**. New York: Cambridge University, 2011, p. 37-61, p. 56.

[218] DANNEMANN, Gerhard. Common Law-based contracts under German Law. *In*: CORDERO-MOSS, Giuditta (ed.). **Boilerplate Clauses, International Commercial Contracts and the Applicable Law**. New York: Cambridge University, 2011, p. 62-79, p. 78-79.

sições legais aplicáveis[219]. Essas disposições podem ser cogentes ou não, o que faz com que as partes tenham de dar especial atenção às regras do direito aplicável quando formulam um contrato.

O autor Ulrich Magnus destaca três diferenças principais entre o sistema jurídico alemão e as jurisdições de *Common Law:* (i) o fato de as cortes de *Common Law* se basearem muito mais no texto escrito do contrato do que as cortes alemãs, o que tem como fundamento a chamada *parol evidence rule*, que, em princípio, proíbe a utilização de qualquer prova contrária ao texto do contrato; (ii) o fato de as cortes alemãs conferirem mais relevância à interpretação teleológica do contrato; e (iii) o fato de as cortes de *Common Law* serem mais resistentes a preencher lacunas ou revisar partes do contrato e, quando o fazem, fazem sob a justificativa de razoabilidade e não por conta de exigências de equilíbrio ou justiça[220]. Segundo o autor, essas diferenças afetam fundamentalmente os modelos contratuais americanos com lei aplicável alemã[221].

Em texto específico sobre a comparação do direito contratual em países de *Civil Law* e de *Common Law,* Edgardo Muñoz refere algumas das principais diferenças no regime contratual das duas famílias tradicionais do direito[222]. Em relação à interpretação, o autor aponta a adoção mais comum de critérios subjetivos (focados na intenção comum das partes) nos sistemas de *Civil Law*, enquanto no *Common Law* teria se dado relevância maior aos critérios objetivos de interpretação do conteúdo contratual[223]. Outro ponto destacado pelo autor é a admissão de provas

[219] Sobre o tema do conteúdo contratual no direito brasileiro, ver: NITSCHKE, Guilherme Carneiro Monteiro. **Lacunas Contratuais e Interpretação**: história, conceito e método. São Paulo: Quartier Latin, 2019, p. 254.

[220] MAGNUS, Ulrich. The Germanic tradition: application of boilerplate clauses under German Law. *In*: CORDERO-MOSS, Giuditta (ed.). **Boilerplate Clauses, International Commercial Contracts and the Applicable Law**. New York: Cambridge University, 2011, p. 179-209, p. 181-182.

[221] MAGNUS, Ulrich. The Germanic tradition: application of boilerplate clauses under German Law. *In*: CORDERO-MOSS, Giuditta (ed.). **Boilerplate Clauses, International Commercial Contracts and the Applicable Law**. New York: Cambridge University, 2011, p. 179-209, p. 182.

[222] MUÑOZ, Edgardo. Teaching Comparative Contract Law through the CISG. **Indonesian Journal of International & Comparative Law,** v. 4, p. 725-760, out. 2017, p. 741.

[223] MUÑOZ, Edgardo. Teaching Comparative Contract Law through the CISG. **Indonesian Journal of International & Comparative Law,** v. 4, p. 725-760, out. 2017, p. 741.

externas ao texto contratual para a interpretação de seus termos, o que é comum em vários sistemas de *Civil Law*, mas incomum nos sistemas de *Common Law*, sistemas de origem das *plain meaning rule* e *parol evidence rule*[224].

Em uma nova perspectiva do direito contratual comparado, Mariana Pargendler aponta cinco principais distinções que tem atraído a atenção dos acadêmicos: (i) o papel mais forte da boa-fé contratual na tradição romano-germânica; (ii) o maior número de normas cogentes na tradição romano-germânica; (iii) a maior exigibilidade das cláusulas penais na tradição romano-germânica; (iv) a maior disponibilidade da execução específica na tradição romano-germânica; (v) a maior disponibilidade da extinção contratual por meio de um "novo começo" no direito anglo-saxônico da insolvência[225]. A autora sugere que, em larga medida, essas diferenças podem ser entendidas por conta do diferente papel do Estado nas duas tradições jurídicas[226].

Nos sistemas de *Civil Law*, em que o Estado desempenha papel mais forte em todos os aspectos, os poderes Legislativo e Judiciário vão mais longe na previsão e fiscalização de cláusulas substantivas do contrato para assegurar valores e objetivos sociais[227]. Enquanto isso, nos contratos que passam por esse filtro da legislação, o Estado também pune o inadimplemento com consequências mais severas[228].

No *Common Law*, por outro lado, como os poderes Legislativo e Judiciário são menos propensos a interferências no contrato, também

[224] MUÑOZ, Edgardo. Teaching Comparative Contract Law through the CISG. **Indonesian Journal of International & Comparative Law,** v. 4, p. 725-760, out. 2017, p. 742-745.

[225] PARGENDLER, Mariana. O direito contratual comparado em nova perspectiva: revisitando as diferenças entre os sistemas romano-germânico e de *Common Law*. **Revista Direito FGV**, São Paulo, v. 13, n. 3, p. 796-826, set./dez. 2017, p. 798.

[226] PARGENDLER, Mariana. O direito contratual comparado em nova perspectiva: revisitando as diferenças entre os sistemas romano-germânico e de *Common Law*. **Revista Direito FGV**, São Paulo, v. 13, n. 3, p. 796-826, set./dez. 2017, p. 799.

[227] PARGENDLER, Mariana. O direito contratual comparado em nova perspectiva: revisitando as diferenças entre os sistemas romano-germânico e de *Common Law*. **Revista Direito FGV**, São Paulo, v. 13, n. 3, p. 796-826, set./dez. 2017, p. 799.

[228] PARGENDLER, Mariana. O direito contratual comparado em nova perspectiva: revisitando as diferenças entre os sistemas romano-germânico e de *Common Law*. **Revista Direito FGV**, São Paulo, v. 13, n. 3, p. 796-826, set./dez. 2017, p. 799.

o são para amparar a parte lesada pelo inadimplemento[229]. Ou seja, enquanto o *Common Law* favorece a ausência de restrições ao conteúdo contratual, a tradição romano-germânica consagra com maior força o poder contratual (a capacidade de assegurar as sanções jurídicas para o incumprimento)[230].

O exemplo da cláusula de *no waiver* torna ao menos uma das diferenças acima mencionadas entre os sistemas jurídicos de *Civil Law* e de *Common Law* bastante clara. Assuma-se que um contrato estabeleça o direito de uma das partes de resolver o contrato em caso de atraso na entrega das mercadorias. O que acontece se a entrega atrasa, mas a parte não resolve o contrato até que, após um período considerável, haja uma mudança no mercado que torne o contrato não mais lucrativo? Poderia o antigo atraso ser usado como base para a resolução ou há algo que impeça isso mesmo diante de uma cláusula de *no waiver*?[231].

Parece-nos que a resposta a esse questionamento nos sistemas de *Civil Law* seria mais simples e direta, já que nesses sistemas o princípio da boa-fé objetiva ou até mesmo a figura do abuso de direito poderiam ser utilizados como fundamento pelas cortes para impedir tal resolução ou ao menos sancionar o comportamento contraditório da parte que abusa do direito de resolução contratual. Isso significa, portanto, que um modelo contratual de *Common Law* poderá ser interpretado de maneira distinta da inicialmente objetivada por seus redatores[232]. Noutras palavras, mesmo diante da inclusão da cláusula de *no waiver*, os tribunais de *Civil Law* poderão impedir o exercício de um direito quando o compor-

[229] PARGENDLER, Mariana. O direito contratual comparado em nova perspectiva: revisitando as diferenças entre os sistemas romano-germânico e de *Common Law*. **Revista Direito FGV**, São Paulo, v. 13, n. 3, p. 796-826, set./dez. 2017, p. 799.

[230] PARGENDLER, Mariana. O direito contratual comparado em nova perspectiva: revisitando as diferenças entre os sistemas romano-germânico e de *Common Law*. **Revista Direito FGV**, São Paulo, v. 13, n. 3, p. 796-826, set./dez. 2017, p. 799.

[231] Exemplo retirado de: CORDERO-MOSS, Giuditta. Does the use of Common Law contract models give rise to a tacit choice of Law or to a harmonised, transnational interpretation? *In*: CORDERO-MOSS, Giuditta (ed.). **Boilerplate Clauses, International Commercial Contracts and the Applicable Law**. New York: Cambridge University, 2011, p. 37-61, p. 51.

[232] CORDERO-MOSS, Giuditta. Introduction to Part 3. *In*: CORDERO-MOSS, Giuditta (ed.). **Boilerplate Clauses, International Commercial Contracts and the Applicable Law**. New York: Cambridge University, 2011, p. 115-128, p. 116.

tamento anterior da parte houver criado legítimas expectativas de que esse direito não seria exercido. Ou seja, das diferenças acima mencionadas, o papel mais atuante da boa-fé nos países de *Civil Law*, implicará um papel mais forte do Estado na adjudicação contratual, substituindo a boa-fé a decisão tomada pelas partes por uma decisão "coletiva" inspirada por valores sociais[233].

Outra diferença entre os sistemas que também pode influenciar na eficácia da cláusula de *no waiver* são as diferenças de cânones hermenêuticos, pois, enquanto no *Common Law* se dá mais atenção às manifestações objetivas da vontade das partes, nos países de *Civil Law* uma visão mais subjetiva tem precedência[234]. Isso faz com que, em cada sistema, possa haver diferentes interpretações e, por consequência, efeitos a essa cláusula. Por conta disso, analisaremos, neste tópico, a perspectiva em dois dos mais comentados sistemas jurídicos de *Civil Law*: o direito alemão e o direito francês.

No direito alemão, o fundamento doutrinário utilizado para a limitação ao comportamento contraditório está na doutrina do *Unzulässige Rechtsausübung*[235] (exercício indevido de direitos), correspondente funcional ao que, no direito brasileiro, chama-se de teoria do abuso do direito. O ponto de início dessa teoria do exercício abusivo/ ilícito dos direitos apontado pela doutrina alemã é a *exceptio doli* (exceção do dolo), a exceção que impedia o comportamento malicioso na aquisição de direitos e na instauração de ações no âmbito do direito romano[236]. Nesse momento, essa exceção impedia apenas o comportamento doloso, malicioso, fraudulento. No entanto, esse conceito foi expandido para impedir também a injustiça puramente objetiva, a inadmissibilidade de uma

[233] PARGENDLER, Mariana. O direito contratual comparado em nova perspectiva: revisitando as diferenças entre os sistemas romano-germânico e de *Common Law*. **Revista Direito FGV**, São Paulo, v. 13, n. 3, p. 796-826, set./dez. 2017, p. 802.

[234] WADE, Gordon. A Matter of Interpretation: constructing and interpreting commercial contracts under Common Law and the Convention on the International Sale of Goods. **Global Journal of Comparative Law**, v. 4, n. 1, p. 01-42, 2015, p. 02-03.

[235] SCHUBERT, Claudia. BGB § 242. *In*: SÄCKER, Franz (org.). **Münchener Kommentar zum Bürgerlichen Gesetzbuch**. 8ª ed. München: C.H. Beck, 2019, p. 203.

[236] SCHUBERT, Claudia. BGB § 242. *In*: SÄCKER, Franz (org.). **Münchener Kommentar zum Bürgerlichen Gesetzbuch**. 8ª ed. München: C.H. Beck, 2019, p. 203.

conduta contrária à boa-fé[237], sem o elemento do dolo, o que foi feito na teoria do *Unzulässige Rechtsausübung*[238].

A doutrina utiliza três diferentes parágrafos do BGB para desenvolver o conceito de exercício abusivo de direitos (*Unzulässige Rechtsausübung*): § 226, § 242 e § 826[239]. Esses parágrafos são os chamados *drei Haupttatbestände unzulässiger Rechtsausübung*[240] (os três principais suportes fáticos do exercício abusivo de direitos). A expressão foi utilizada por Wolfgang Siebert em sua monografia na primeira metade do século XX, indicado como o trabalho que desenvolveu a categoria do abuso de direito no direito alemão e no BGB[241].

Seguindo esses suportes fáticos principais, o exercício de um direito será abusivo quando: (i) o objetivo único do exercício for causar prejuízo ao outro (§ 226, BGB); (ii) o exercício do direito for contrário aos bons costumes (§ 826, BGB); e, por fim, (iii) o exercício do direito for contrário à boa-fé e aos usos do tráfego (§ 242, BGB)[242].

A limitação ao comportamento contraditório está intimamente ligada ao abuso de direito, em relação de espécie e gênero. Isso justamente porque o comportamento contraditoriamente desleal plasma o exercício abusivo de um direito existente, que deixa de ser admissível justamente pela contraditoriedade no comportamento da parte que o detém.

237 WIEACKER, Franz. **El Principio General de La Buena Fe**. Trad. Jose Luiz Carro. Madrid: Editorial Civitas S.A, 1977, p. 59-61.

238 SCHUBERT, Claudia. BGB § 242. *In*: SÄCKER, Franz (org.). **Münchener Kommentar zum Bürgerlichen Gesetzbuch**. 8ª ed. München: C.H. Beck, 2019, p. 203.

239 Apesar de o § 138 do BGB também mencionar bons costumes em sua redação, sendo a previsão que fundamenta a noção semelhante à lesão no direito alemão, utiliza-se o § 826 como fundamento legal para a doutrina do abuso de direito. Nesse sentido ver: SCHUBERT, Claudia. BGB § 242. *In*: SÄCKER, Franz (org.). **Münchener Kommentar zum Bürgerlichen Gesetzbuch**. 8ª ed. München: C.H. Beck, 2019, p. 130; SIEBERT, Wolfgang. **Verwirkung und Unzulässogkeit der Rechtsausübung**. Marburg in Hessen: N. G. Elwert'sche Verlagsbuchhandlung, 1934, p. 122-123.

240 SIEBERT, Wolfgang. **Verwirkung und Unzulässogkeit der Rechtsausübung**. Marburg in Hessen: N. G. Elwert'sche Verlagsbuchhandlung, 1934, p. 122.

241 SCHUBERT, Claudia. BGB § 242. *In*: SÄCKER, Franz (org.). **Münchener Kommentar zum Bürgerlichen Gesetzbuch**. 8ª ed. München: C.H. Beck, 2019, p. 204.

242 SIEBERT, Wolfgang. **Verwirkung und Unzulässogkeit der Rechtsausübung**. Marburg in Hessen: N. G. Elwert'sche Verlagsbuchhandlung, 1934, p. 122.

Neste livro, escolheu-se lidar especificamente com os institutos jurídicos da *Verwirkung* (*suppressio*) e do *Widersprüchliches Verhalten* (comportamento contraditório, correspondente à construção *venire contra factum proprium*). Esses dois institutos têm fundamento legal no § 242 do BGB, tendo sido desenvolvidos através da interpretação desse dispositivo pela jurisprudência e pela doutrina[243].

Nesses casos, um comportamento anterior da parte que não é em si mesmo rechaçado pode, mesmo assim, fazer com que o posterior exercício de um direito seja inadmissível, caso esse exercício subsequente gere uma contraditoriedade desleal em relação ao anterior comportamento da parte[244]. Esse grupo de casos, portanto, atrela-se à proteção da confiança que gera a inadmissibilidade de se exercer um direito por conta da contradição desleal em face de um comportamento anterior.

O grupo de casos mais comum na questão da limitação ao comportamento contraditório envolve a figura do *venire contra factum proprium*[245]. Além desses casos, há o caso especial da *Verwirkung*, que ocorre quando há omissão no exercício de um direito por um período, de modo a gerar a legítima expectativa de que o direito não será exercido, tornando o seu exercício posterior inadmissível[246].

As figuras alemãs da *Verwirkung* e do *Widersprüchliches Verhalten* são defesas de direito material, extraídas do § 242 do BGB. Em geral, as defesas da teoria do *unzulässige Rechtsausübung* são classificadas como *rechstsvernichtende Einwendungen*, ou seja, defesas que extinguem a pretensão[247]. A *Verwirkung* também é classificada *rechstsvernichtende Einwendung* pela maior parte da doutrina, apesar de haver discussão sobre sua

[243] SCHUBERT, Claudia. BGB § 242. *In*: SÄCKER, Franz (org.). **Münchener Kommentar zum Bürgerlichen Gesetzbuch**. 8ª ed. München: C.H. Beck, 2019, p. 314.

[244] SCHUBERT, Claudia. BGB § 242. *In*: SÄCKER, Franz (org.). **Münchener Kommentar zum Bürgerlichen Gesetzbuch**. 8ª ed. München: C.H. Beck, 2019, p. 314.

[245] SCHUBERT, Claudia. BGB § 242. *In*: SÄCKER, Franz (org.). **Münchener Kommentar zum Bürgerlichen Gesetzbuch**. 8ª ed. München: C.H. Beck, 2019, p. 314.

[246] SUTSCHET, Holger. BGB § 242 Leistung nach Treu und Glauben. *In*: BAMBERGER, Heinz Georg; ROTH, Herbert; HAU, Wolfgang; POSECK, Roman. **Bech'scher Online Kommentar BGB**. 55ª ed. [2020], p. 137.

[247] SUTSCHET, Holger. BGB § 242 Leistung nach Treu und Glauben. *In*: BAMBERGER, Heinz Georg; ROTH, Herbert; HAU, Wolfgang; POSECK, Roman. **Bech'scher Online Kommentar BGB**. 55ª ed. [2020], p. 150.

classificação como *Einrede* (no sentido do direito material), defesas que apenas inibem a cobrança[248]. Em português, ambos os termos correspondem a defesas de direito material, utilizadas pelo devedor contra a pretensão do credor[249]. Segundo Pontes de Miranda, poder-se-ia compreender *Einwendung* como objeção, enquanto *Einrede*, no âmbito do direito material, corresponderia à exceção[250].

Por serem classificadas como *Rechtsvernichtende Einwendungen*[251], a consequência jurídica dessas objeções de direito material é justamente, como a sua própria denominação já enuncia, a extinção da pretensão. Essa consequência é defendida como aplicável nesses casos pela maioria da doutrina alemã[252]. Seria, no Brasil, a consequência semelhante à prescrição de um direito.

Em relação ao suporte fático de aplicação da *Verwirkung* e do *Widersprüchliches Verhalten* no direito alemão, há muitos pontos em comum. Dentre eles estão: a imputabilidade (*Zurechenbarkeit*) do comportamento criador de confiança à parte que perde o direito[253], o comportamento criador de confiança pela parte que perde o direito (*Vertrauensbegründendes Verhalten*[254]), o comportamento reprovável posterior (*Missbilligten Verhalten*)[255], a protetividade da outra parte, ou

[248] SCHUBERT, Claudia. BGB § 242. *In*: SÄCKER, Franz (org.). **Münchener Kommentar zum Bürgerlichen Gesetzbuch**. 8ª ed. München: C.H. Beck, 2019, p. 388.

[249] PONTES DE MIRANDA, Francisco Cavalcanti. **Tratado de Direito Privado**. Tomo VI. São Paulo: Borsoi, 1970, § 628.

[250] PONTES DE MIRANDA, Francisco Cavalcanti. **Tratado de Direito Privado**. Tomo VI. São Paulo: Borsoi, 1970, § 628.

[251] SUTSCHET, Holger. BGB § 242 Leistung nach Treu und Glauben. *In*: BAMBERGER, Heinz Georg; ROTH, Herbert; HAU, Wolfgang; POSECK, Roman. **Bech'scher Online Kommentar BGB**. 55ª ed. 1.8.2020, Rn. 110-175, Rn 150.

[252] Há, no entanto, corrente minoritária que defende a classificação como *Einrede* e, consequentemente, apenas o encobrimento da eficácia do direito. Nesse sentido, veja-se SCHUBERT, Claudia. BGB § 242. *In*: SÄCKER, Franz (org.). **Münchener Kommentar zum Bürgerlichen Gesetzbuch**. 8ª ed. München: C.H. Beck, 2019, v. II, Rn. 388.

[253] SCHUBERT, Claudia. BGB § 242. *In*: SÄCKER, Franz (org.). **Münchener Kommentar zum Bürgerlichen Gesetzbuch**. 8ª ed. München: C.H. Beck, 2019, p. 209.

[254] SUTSCHET, Holger. BGB § 242 Leistung nach Treu und Glauben. *In*: BAMBERGER, Heinz Georg; ROTH, Herbert; HAU, Wolfgang; POSECK, Roman. **Bech'scher Online Kommentar BGB**. 55ª ed. 1.8.2020, Rn. 110-175, Rn. 113.

[255] SCHUBERT, Claudia. BGB § 242. *In*: SÄCKER, Franz (org.). **Münchener Kommentar zum Bürgerlichen Gesetzbuch**. 8ª ed. München: C.H. Beck, 2019, p. 209.

seja, a legitimidade de ser protegida por ter confiado razoavelmente (*Schutzwürdigkeit des Gegners*[256]).

Apesar da fonte das duas objeções ser a *expectio doli* do direito romano, em nenhum dos casos há análise de culpa (*lato sensu*) da parte que se contradiz para que sejam aplicados os institutos. Isso ocorre porque a contraditoriedade do comportamento é analisada de maneira objetiva[257].

A diferença mais relevante entre as duas formas de objeções é no comportamento que será o gerador da confiança legítima. Na *Verwirkung*, esse comportamento é omissivo, representativo da passagem do tempo sem o exercício de um direito[258]; no *Widersprüchliches Verhalten*, o comportamento que cria a confiança é comissivo[259].

É importante ressaltar que não é a mera abstenção ou omissão que será suficiente para a aplicação da *Verwirkung*. Conforme decidido pelo tribunal superior federal, o *Bundesgerichtshof*[260], é necessário observar se existem provas para demonstrar que uma parte poderia confiar que o direito não seria mais exercido para a aplicação da *Verwirkung*[261]. No caso, a *Verwirkung* não foi aplicada por inexistirem circunstâncias aptas a comprovar que a autora contratada para a construção de paredes de gesso não cobraria mais os valores pelos serviços que haviam sido cancelados pelo réu.

[256] SUTSCHET, Holger. BGB § 242 Leistung nach Treu und Glauben. In: BAMBERGER, Heinz Georg; ROTH, Herbert; HAU, Wolfgang; POSECK, Roman. **Bech'scher Online Kommentar BGB**. 55ª ed. 1.8.2020, Rn. 110-175, Rn. 111.

[257] SUTSCHET, Holger. BGB § 242 Leistung nach Treu und Glauben. In: BAMBERGER, Heinz Georg; ROTH, Herbert; HAU, Wolfgang; POSECK, Roman. **Bech'scher Online Kommentar BGB**. 55ª ed. 1.8.2020, Rn. 110-175, Rn. 112.

[258] SCHUBERT, Claudia. BGB § 242. *In*: SÄCKER, Franz (org.). **Münchener Kommentar zum Bürgerlichen Gesetzbuch**. 8ª ed. München: C.H. Beck, 2019, p. 378.

[259] SUTSCHET, Holger. BGB § 242 Leistung nach Treu und Glauben. *In*: BAMBERGER, Heinz Georg; ROTH, Herbert; HAU, Wolfgang; POSECK, Roman. **Bech'scher Online Kommentar BGB**. 55ª ed. 1.8.2020, Rn. 110-175, Rn. 113.

[260] O *Bundesgerichhof* é a mais alta corte de jurisdição ordinária na Alemanha, sendo parte do sistema recursal cujo objeto é analisar se as decisões dos Tribunais regionais contêm erros de direito. É o comparativo funcional do nosso Superior Tribunal de Justiça.

[261] ALEMANHA. **Bundesgerichtshof**. Urteil v. 14.11.2002, VII ZR 23/02. Dr. Dressler, Karlsruhe, 14 nov. 2002.

No direito francês, também, a atuação da boa-fé objetiva permite que as cortes sancionem o uso abusivo de uma prerrogativa contratual, muito embora não permita que a substância, direitos e obrigações contratuais possam ser alterados[262], em respeito ao *pacta sunt servanda*. Muito embora alguns autores apontem, devido ao surgimento "recente" da teoria na legislação, a importação recente das ideias sobre abuso de direito do estrangeiro (questionando sua aplicabilidade diante do direito francês), a origem da teoria do abuso do direito na França também remonta ao direito romano, como no direito alemão, seguindo-se a máxima de não exercer o direito injustamente, já mencionada acima[263].

Nesse sentido, Lucien-Henri-Camille Reynaud aponta variadas figuras do direito romano que continham a mesma noção de impedir o exercício abusivo de direitos em matérias específicas do direito, como a *collatio bonorum* no direito de família, que impedia o exercício abusivo do pátrio poder[264]. A mais geral, relacionada ao direito dos contratos, é a *exceptio doli*, já mencionada acima, que, segundo o autor, impedia que um contratante exigisse o cumprimento do contrato de má-fé[265].

Na França, diferentemente das figuras do direito alemão retratadas acima, o abuso de direito dá à parte vítima do abuso uma "imunidade" contra o abuso, ou seja, é como se a teoria impusesse os limites determinados pela lei a um direito[266]. Pode-se dizer que doutrina francesa do abuso de direito atua, então, neutralizando o exercício do direito e sendo fonte de responsabilidade civil de quem abusou[267]. A vítima poderá, com isso, requerer a reparação do dano causado pelo abuso,

262 LAGARDE, Xavier; MÉHEUT, David; REVERSAC, Jean-Michel. The Romanistic tradition: application of boilerplate clauses under French law. *In*: CORDERO-MOSS, Giuditta (ed.). **Boilerplate Clauses, International Commercial Contracts and the Applicable Law**. New York: Cambridge University, 2011, p. 210-226, p. 212.

263 KARIMI, Abbas. **Les Clauses Abusives et La Théorie de L'Abus de Droit**. Paris; LGDJ, 2001, p. 30.

264 REYNAUD, Lucien-Henri-Camille. **L'Abus de Droit**. Paris: Librairie Nouvelle de Droit et de Jurisprudence, 1904, p. 10.

265 REYNAUD, Lucien-Henri-Camille. **L'Abus de Droit**. Paris: Librairie Nouvelle de Droit et de Jurisprudence, 1904, p. 10.

266 KARIMI, Abbas. **Les Clauses Abusives et La Théorie de L'Abus de Droit**. Paris; LGDJ, 2001, p. 44.

267 CARBONNIER, Jean. **Droit Civil**: Les Biens, Les Obligations. Tome II. Paris: PUF, 2017, § 1148, p. 2314.

seja *in natura*, seja por meio de indenização[268]. É o caso, por exemplo, da paralisação do direito de resilição unilateral de um contrato por prazo indeterminado quando a parte que pretende a resilição o exerce de má-fé (contrariamente à boa-fé subjetiva)[269].

Nesse sentido, muito embora no direito francês também exista o princípio de que a renúncia a um direito deve ser especificamente provada (não sendo a mera inação suficiente para estabelecer a intenção de renunciar), existem exceções, limitações e qualificações que são aplicáveis a esse princípio e que por consequência também serão aplicadas à cláusula de *no waiver*, não havendo como se defender uma aplicação literal e irrestrita da cláusula nas relações contratuais[270].

Desse modo, pode-se concluir que, muito embora a interpretação literal da cláusula de *no waiver* possa ser permitida em alguns sistemas jurídicos, como ocorre no direito inglês, em muitos sistemas (principalmente os de *Civil Law*) tal interpretação pode ser considerada violadora de princípios que simplesmente não podem ser derrogados do contrato por acordo das partes[271]. É o caso do princípio da boa-fé e da proibição ao abuso de direito nos direitos alemão e francês[272].

Ou seja, os efeitos das cláusulas de *no waiver* têm de ser testados e validados em face da lei nacional aplicável ao contrato. Sob o modelo de *Common Law* de interpretação contratual literal, essas cláusulas geral-

[268] CARBONNIER, Jean. **Droit Civil:** Les Biens, Les Obligations. Tome 2. Paris: PUF, 2017, § 1148, p. 2314.

[269] MILHAC, Oliver. **La Notion de Condition dans les Contract à Titre Onéreux**. Paris: LGDJ, 2001, § 657, p. 244.

[270] LAGARDE, Xavier; MÉHEUT, David; REVERSAC, Jean-Michel. The Romanistic tradition: application of boilerplate clauses under French law. *In*: CORDERO-MOSS, Giuditta (ed.). **Boilerplate Clauses, International Commercial Contracts and the Applicable Law**. New York: Cambridge University, 2011, p. 210-226, p. 215.

[271] CORDERO-MOSS, Giuditta. Conclusion: the self-sufficient contract, uniformly interpreted on the basis of its own terms: an illusion, but not fully useless. *In*: CORDERO-MOSS, Giuditta (ed.). **Boilerplate Clauses, International Commercial Contracts and the Applicable Law**. New York: Cambridge University, 2011, p. 344-371, p. 355-356.

[272] CORDERO-MOSS, Giuditta. Conclusion: the self-sufficient contract, uniformly interpreted on the basis of its own terms: an illusion, but not fully useless. *In*: CORDERO-MOSS, Giuditta (ed.). **Boilerplate Clauses, International Commercial Contracts and the Applicable Law**. New York: Cambridge University, 2011, p. 344-371p. 355-356.

mente serão eficazes[273]. O mesmo pode ser dito sobre o direito francês, à exceção de quando a utilização da disposição significar eventual abuso de direito ou quando se puder argumentar de a cláusula foi renunciada por modificação oral do contrato[274].

Enquanto isso, em jurisdições como a alemã, a parte que invoca a disposição contratual pode ser impedida de fazê-lo, por conta da violação às legítimas expectativas da outra[275]. Nesse caso, a boa-fé pode impor que se afaste a cláusula de *no waiver* e se respeite as obrigações contratuais como de fato foram desenvolvidas entre as partes, agindo mais como uma cláusula procedimental que aumenta o ônus de provar da parte que invoca a renúncia do que como uma cláusula substantiva que exclui ao todo esse argumento[276]. Seguindo tal raciocínio, no próximo capítulo serão examinados os efeitos dessa disposição nos contratos que elegem ou possuem o direito brasileiro como lei aplicável, enfrentando-se os princípios e regras que podem influenciar sua interpretação, validade ou eficácia.

[273] FONTAINE, Marcel; DE LY, Filip. **Drafting International Contracts**: an analysis of contract clauses. Arsdley: Transnational Publishers, 2006, p. 166-167.

[274] FONTAINE, Marcel; DE LY, Filip. **Drafting International Contracts**: an analysis of contract clauses. Arsdley: Transnational Publishers, 2006, p. 166-167.

[275] FONTAINE, Marcel; DE LY, Filip. **Drafting International Contracts**: an analysis of contract clauses. Arsdley: Transnational Publishers, 2006, p. 166-167.

[276] FONTAINE, Marcel; DE LY, Filip. **Drafting International Contracts**: an analysis of contract clauses. Arsdley: Transnational Publishers, 2006, p. 166-167.

PARTE II
A COMPATIBILIDADE DA CLÁUSULA DE *NO WAIVER* COM O DIREITO BRASILEIRO

O direito brasileiro enquadra-se como um sistema de *Civil Law* e, portanto, as observações feitas no tópico acima se aplicarão no que se refere à compatibilidade, validade e eficácia da cláusula de *no waiver*. Contudo, como todo ordenamento jurídico tem suas características próprias, neste tópico serão aprofundadas as questões relevantes para a análise do tema sob o direito brasileiro, focando nos dois principais aspectos afetados pela cláusula no ordenamento brasileiro: (i) as declarações de vontade tácitas (ou manifestações de vontade); e (ii) as figuras parcelares da função corretora da boa-fé objetiva, como a *suppressio*[277].

Por conta disso, no primeiro subtópico serão analisadas a autonomia privada, seu exercício pelas partes através de manifestações de vontade tácitas, assim como sua limitação pela boa-fé objetiva, tudo relacionado à eficácia da cláusula de *no waiver*. Enquanto isso, no segundo tópico será abordada a função corretora da boa-fé e a correlação desta com a cláusula de *no waiver*.

[277] Aproveita-se a primeira citação para dizer que, apesar de apresentada dessa forma por qualificada doutrina (MENEZES CORDEIRO, António Manuel da Rocha e. **Da Boa-fé no Direito Civil**. Coimbra: Almedina, 2014, p. 826), a *surrectio* não deve ser enquadrada como uma figura da função corretora da boa-fé ensejada pela *suppressio*, como se fossem duas faces da mesma moeda. A *surrectio*, diferentemente da *suppressio*, atua no plano da existência, e não no da eficácia (NEVES, Julio Gonzaga Andrade. **A suppressio (Verwirkung) no Direito Civil**. São Paulo: Almedina, 2016, p. 74-76).

2.1. O papel da autonomia privada e sua limitação pelo princípio da boa-fé objetiva

No direito contratual, o princípio da autonomia privada (ou autonomia da vontade, como chamado por parte da doutrina[278]) concretiza-se na forma da liberdade de contratar, ou seja, no poder dos indivíduos contratantes de suscitar, mediante manifestação de vontade, efeitos reconhecidos e tutelados pela ordem jurídica[279]. É usual que, no direito contratual, quando se refere à identificação de valores individualizados e amparados pela jurisprudência, aponte-se como princípios basilares os princípios da liberdade contratual, da confiança e da boa-fé objetiva[280].

Exatamente por conta disso, toda liberdade pode vir a encontrar algumas balizas no direito, não sendo diferente para a liberdade de contratar, a qual encontra-se delimitada por figuras como a função social do

[278] Apesar de os conceitos serem facilmente confundidos, há uma diferença de concepção entre os termos, pois enquanto a expressão "autonomia da vontade" privilegia o subjetivo, a expressão "autonomia privada" coloca a vontade em plano de fundo, priorizando-se a ideia de o sujeito de direito criar normas jurídicas no seu próprio interesse. Com a evolução do direito privado, descarta-se a qualificação da vontade como gênese das relações jurídicas, sendo este papel da autonomia privada, que se qualifica como um poder dos particulares de autorregularem seus interesses. Para uma perspectiva histórica do termo, ver: CABRAL, Érico de Pina. A "Autonomia" no Direito Privado. **Revista de Direito Privado**, v. 19, p. 83-129, 2004.

[279] GOMES, Orlando. **Contratos**. 26ª ed. atual. Antonio Junqueira de Azevedo e Francisco Paulo De Crescenzo Marino. Rio de Janeiro: Forense, 2008, p. 25.

[280] ALPA, Guido. Princípios Gerais e Direito dos Contratos: um inventário de dicta e de questões. *In*: PINTO MONTEIRO, António (Coord.). **Contratos**: actualidade e evolução. Porto: Universidade Católica Portuguesa, 1997, p. 101-110, p. 101. Os princípios da confiança e da boa-fé atuam tanto independentemente ou em conjunto. A boa-fé objetiva designa o princípio atuante no domínio do direito das obrigações, que exprime standards de lisura, correção, probidade, lealdade e honestidade; ele informa o modo pelo qual a cooperação e colaboração será devida. Já a confiança liga-se fundamentalmente como proteção das expectativas, sendo fundamento da ação segundo à boa-fé e, também, como justificativa para a vinculabilidade dos negócios jurídicos, atuando de maneira independente como fonte direta de direitos e deveres. Para essa distinção, ver: MARTINS-COSTA, Judith. Princípio da Confiança Legítima e Princípio da Boa-Fé Objetiva. Termo de Compromisso de Cessação (TCC) Ajustado Com o CADE. Critérios da Interpretação Contratual: Os "Sistemas De Referência Extracontratuais" ("Circunstâncias Do Caso") e sua Função no Quadro Semântico da Conduta Devida. Princípio da Unidade ou Coerência Hermenêutica e "Usos Do Tráfego". Adimplemento Contratual. **Revista dos Tribunais**, v. 852, p. 87-126, 2006.

contrato e a boa-fé objetiva, por exemplo[281]. Neste subtópico, portanto, a autonomia privada será objeto de análise, na perspectiva do direito contratual brasileiro e da limitação imposta pelo princípio da boa-fé objetiva.

2.1.1. Autonomia privada e as modificações tácitas do negócio jurídico em relação à cláusula de no waiver: renúncia tácita e alterações ao conteúdo contratual

A autonomia privada é, no âmbito do direito dos contratos, o espaço relegado às partes para que regulem seus próprios interesses. No que se refere à cláusula de *no waiver*, há duas perspectivas que devem ser postas em confronto: (a) a autonomia privada permite que as partes pactuem cláusulas que regrem a interpretação de suas condutas ao longo da relação contratual; (b) a autonomia privada, em linha com o princípio da liberdade das formas, permite que as partes manifestem a sua vontade por meio de simples conduta, não necessariamente exigindo declaração expressa para a constituição de negócios jurídicos sobre os quais a lê não prevê forma obrigatória. Essas duas perspectivas parecem colidentes e trazem a necessidade de análise dos efeitos da cláusula de *no waiver* sob essas duas óticas.

2.1.1.1. Autonomia privada e a pactuação da cláusula de *no waiver*

A autonomia privada constitui uma fonte de poder normativo das partes, pois é devido a ela que há possibilidade de se formarem e serem criados os negócios jurídicos e que, portanto, os particulares podem vir a

[281] Muito embora a cogência dessas regras e princípios basilares do direito contratual, o legislador responsável pela Lei da Liberdade econômica pretendia garantir que: "os negócios jurídicos empresariais serão objeto de livre estipulação das partes pactuantes, aplicando-se as regras de direito empresarial apenas de maneira subsidiária ao avençado". (BRASIL. Ministério da Justiça. **Exposição de Motivos nº 00083/2019**. Brasília, DF: Presidência da República, [2019]. Disponível em: https://www2.camara.leg.br/legin/fed/medpro/2019/medidaprovisoria-881-30-abril-2019-788037-exposicaodemotivos-157846-pe.html. Acesso em: 08 mar. 2022). Apesar de tal citação perturbadora na exposição de motivos da lei, fato é que a cogência de princípios como a boa-fé objetiva não foi derrogada por meio desta Lei. Remanescem, portanto, as disposições sobre o tema no Código Civil, com a sua devida cogência.

regular seus próprios interesses[282]. O princípio geral do direito dos contratos permite que os particulares, no âmbito obrigacional, possam agir por vontade própria e autônoma, sendo que quaisquer limites que a lei imponha são considerados exceções[283]. É por conta dessa liberdade e autonomia que as partes possuem para constituir suas próprias relações jurídicas que o direito privado é visto como um espaço deixado ao particular pelo poder público[284].

No exercício de sua autonomia privada, toda pessoa dotada de capacidade, via de regra, tem aptidão para se autovincular, provocando o nascimento de um direito ou obrigando-se por meio de uma relação negocial, de um negócio jurídico[285]. Em verdade, a constituição do negócio jurídico constitui verdadeira limitação ou abdicação voluntária de uma parcela da própria liberdade por uma das partes e uma correspondente apropriação dela pela outra parte[286]. Assim, pode-se dizer que a autonomia privada está especialmente presente no âmbito dos contratos[287].

No âmbito do direito contratual, a autonomia privada manifesta-se em três aspectos: (i) a liberdade de contratar (realizar ou não contrato); (ii) a liberdade de estipular contrato (escolher qual contrato celebrar); e (iii) a liberdade de determinar o conteúdo do contrato (determinar o conteúdo das disposições contratuais)[288]. Sendo assim, diversas consequências podem ser deduzidas do princípio, como a inteira liberdade

[282] MARTINS-COSTA, Judith. **A Boa-Fé no Direito Privado**: critérios para sua aplicação. 2ª ed. São Paulo: Saraiva, 2018, p. 248-249.

[283] ALMEIDA COSTA, Mário Júlio de. **Direito das Obrigações**. 12ª ed. Coimbra: Almedina, 2009, p. 229.

[284] AMARAL, Francisco. **Direito Civil**: introdução. 8ª ed. Rio de Janeiro: Renovar, 2014, p. 24.

[285] GOMES, Orlando. **Contratos**. 26ª ed. atual. Antonio Junqueira de Azevedo e Francisco Paulo De Crescenzo Marino. Rio de Janeiro: Forense, 2008, p. 25-26.

[286] TAVARES, José. **Os princípios fundamentais do direito civil**. Vol. I. 2ª ed. Coimbra: Coimbra Editora, 1929, p. 448.

[287] AMARAL, Francisco. **Direito Civil**: introdução. 8ª Ed. Rio de Janeiro: Renovar, 2014, p. 25.

[288] GOMES, Orlando. **Contratos**. 26ª ed. atual. Antonio Junqueira de Azevedo e Francisco Paulo De Crescenzo Marino. Rio de Janeiro: Forense, 2008, p. 26; ALMEIDA COSTA, Mário Júlio de. **Direito das Obrigações**. 12. ed. Coimbra: Almedina, 2009, p. 230.

dos contratantes de contratar, ou não contratar; e a liberdade de inteira fixação do conteúdo das relações contratuais que desejem estabelecer[289].

A voluntariedade e liberdade estão no cerne do conceito de contrato, definido por Judith Martins-Costa como:

> [...] o resultado de uma atividade comunicativa voluntária e lícita entre sujeitos qualificados como suas 'partes', atividade, essa, expressada em um acordo, determinado ou determinável temporalmente, voltado teleológica e vinculativamente, para a produção de efeitos jurídicos primordialmente entre as suas partes, e cuja função é fazer circular riqueza entre patrimônios, transformando a situação jurídico-patrimonial dos envolvidos e gerando-lhes uma expectativa ao cumprimento garantida pelo Ordenamento, segundo seus critérios técnicos e valorativos[290].

Na pactuação da cláusula de *no waiver* no contexto de um contrato, o que é especificamente o objeto deste livro, todas essas facetas da liberdade podem ser exercidas, pois a pactuação da cláusula envolve, por óbvio, a liberdade de contratar, a de estipular contrato e a de determinar o conteúdo do contrato. A última faceta não será exercida, é claro, nos casos em que a cláusula se inserir em contrato formado por adesão ou não for posta em discussão pelas partes, o que muitas vezes será o caso. Isso porque, como já abordado na primeira parte do livro, a cláusula se apresenta muitas vezes como parte das disposições finais dos contratos, sobre as quais não há discussão das partes, justamente por serem recorrentes e conhecidas por ambos os lados de uma relação contratual.

Considerando que a pactuação da cláusula corresponde a exercício de autonomia pelas partes, é necessário entender a natureza jurídica dessa cláusula sob o direito brasileiro, a fim de se verificar, nos capítulos seguintes, como há de se analisar a sua validade e eficácia. De fato, a cláusula, por ser pactuada por meio de declaração de vontade de ambas as partes para produzir efeitos na relação contratual, é sempre parte de um negócio jurídico. Assim, há de se compreender se ela for-

289 ALMEIDA COSTA, Mário Júlio de. **Direito das Obrigações**. 12ª ed. Coimbra: Almedina, 2009, p. 229.

290 MARTINS-COSTA, Judith. Contratos. Conceito e Evolução. *In*: LOTUFO, Renan; NANNI, Giovanni Ettore. **Teoria Geral dos Contratos**. São Paulo: Atlas, 2011, p. 23-66, p. 60.

nece, a partir de sua eficácia, à parte beneficiada um direito, uma objeção, uma exceção ou até mesmo estabelece uma mera presunção.

Ter um direito é ter o poder de limitar a atividade de outrem em virtude de regra jurídica, é ter um meio para a satisfação de interesses jurídicos[291]. Ou seja, todo direito, como produto da incidência de uma regra, é a limitação da esfera da atividade de outro, ou de outros[292]. Assim, a partir do exercício de um direito, uma parte poderá, com base na lei ou em contrato, limitar a atividade da outra, com isso satisfazendo os seus próprios interesses jurídicos.

O direito subjetivo em sentido estrito contém a faculdade, conceito jurídico representado pela faceta fática que consubstancia a possibilidade de exercício do direito[293]. Contudo, por ser fática, a faculdade pode existir sem regra jurídica que a embase, diferentemente do direito, o qual necessita de fonte legal ou negocial[294]. Ou seja, a faculdade é uma possibilidade fática de exercer determinada posição jurídica, a qual pode ser usada ou não por seu titular.

Ao direito subjetivo corresponde uma pretensão, que é qualificada como o "poder de exigir", ou um "direito de exigir"[295], do outro que cumpra com sua obrigação, é a exigibilidade de uma prestação.[296] A pretensão se distingue do direito de ação na ótica processual, visto que é o poder de exigir no âmbito do direito material, enquanto a ação processual, como veremos mais a seguir, é um direito autônomo ao direito

[291] PONTES DE MIRANDA, Francisco Cavalcanti. **Tratado de Direito Privado**, t. V. São Paulo: Borsoi, 1970, § 561-564.

[292] PONTES DE MIRANDA, Francisco Cavalcanti. **Tratado de Direito Privado**, t. V. São Paulo: Borsoi, 1970, § 564.

[293] PONTES DE MIRANDA, Francisco Cavalcanti. **Tratado de Direito Privado**, t. V. São Paulo: Borsoi, 1970, § 564.

[294] PONTES DE MIRANDA, Francisco Cavalcanti. **Tratado de Direito Privado**, t. V. São Paulo: Borsoi, 1970, § 564.

[295] Barbosa Moreira conceitua pretensão como um direito de exigir à luz do conceito de *Anspruch* no direito alemão, comentando que o legislador alemão, ao contrário do brasileiro, ofereceu uma definição de pretensão. Ver BARBOSA MOREIRA, José Carlos. Notas sobre Pretensão e Prescrição no Sistema do Novo Código Civil Brasileiro. **Revista da Academia Brasileira de Letras Jurídicas**, n. 22, Rio de Janeiro, p. 147-158, 2002.

[296] AMORIM FILHO, Agnelo. Critério científico para distinguir a prescrição da decadência e para identificar as ações imprescritíveis. **Revista de Direito Processual Civil**, v. 3, São Paulo, p. 95-132, jan./jun. 1961, p. 108.

material que se satisfaz com a prestação jurisdicional.[297] A cláusula de *no waiver*, contudo, não se enquadra nessa definição, visto que a ela não cria ou determina um poder de exigir algo de outrem, mas meramente tem como consequência a posterior exigência de um direito já pré-estabelecido contratualmente.

Os direitos potestativos, diferentemente dos direitos subjetivos em sentido estrito[298], seriam aqueles direitos que consistiriam no poder de influir eficazmente sobre a esfera jurídica do outro, o qual se encontra em estado de sujeição, isto é, "nada deve fazer, mas nem por isso pode esquivar-se àquele efeito, permanecendo sujeito à sua produção".[299] Noutras palavras, os direitos potestativos "atribuem ao seu titular o poder de intervir eficazmente na esfera jurídica de outrem, pelo exercício de sua declaração unilateral de vontade"[300].

Dentre os direitos potestativos, destacam-se a espécie dos chamados direitos formativos[301] que, por sua vez, se desdobram nos subtipos geradores, modificativos e extintivos[302], os quais, respectivamente, são os direitos que permitem a criação, modificação e extinção de relações jurídicas por meio de ato unilateral de seu titular.[303] O mesmo que se disse em relação ao direito subjetivo e à pretensão pode ser dito no que se refere ao direito potestativo: novamente, a cláusula de *no waiver* não

[297] THEODORO JÚNIOR, Humberto. Distinção Científica entre Prescrição e Decadência: um tributo à obra de Agnelo Amorim Filho. **Revista dos Tribunais**, v. 836, 2005, p. 6.

[298] Não se ignora quem qualifique os direitos potestativos como espécies do gênero direito subjetivo, por isso a diferenciação aqui é feita entre os direitos subjetivos "em sentido estrito" e os direitos potestativos.

[299] CHIOVENDA, Giuseppe. **Instituições de Direito Processual Civil**, v. I. 2ª ed. Trad. J. Guimarães Menegale. São Paulo: Saraiva, 1965, p. 15.

[300] HAICAL, Gustavo. Apontamentos sobre o Direito Formativo Extintivo de Denúncia no Contrato de Agência. *In*: MARTINS-COSTA, Judith (org.). **Modelos de Direito Privado**. São Paulo: Marcial Pons, 2014, p. 294-331, p. 299-300.

[301] PONTES DE MIRANDA, Francisco Cavalcanti. **Tratado de Direito Privado**, t. V. São Paulo: Borsoi, 1970, § 567.

[302] VON TUHR, Andreas. **Parte General del Derecho Civil**. Trad. Wenceslao Roces. Granada: Comares, 2006, p. 19.

[303] COUTO E SILVA, Almiro do. Atos Jurídicos de Direito Administrativo Praticados por Particulares e Direitos Formativos. *In*: COUTO E SILVA, Almiro do. **Conceitos Fundamentais do Direito no Estado Constitucional**. São Paulo: Malheiros, 2015, p. 123-167, p. 137.

estabelece um poder de influir eficazmente na esfera jurídica do outro, estando o outro em estado de sujeição, pois a cláusula apenas viabiliza o exercício de direitos subjetivos contratualmente estabelecidos a despeito de determinados comportamentos da parte.

A exceção, por outro lado, atua na eficácia do direito, da pretensão, da ação ou da própria exceção que ela "excetua"[304]. Ou seja, as exceções não afetam diretamente o ato jurídico ou o direito em si, mas sim a sua eficácia, a despeito da sua existência e validade[305]. Mesmo assim, não se pode confundir os efeitos da exceção com os da ineficácia, pois a exceção não nega a eficácia, somente a encobre[306].

Como exemplo de exceção, está a já mencionada *suppressio*, a qual corresponde a uma exceção de direito material justamente por se contrapor à eficácia dos direitos em virtude do comportamento contraditório de seu titular[307]. Isso faria com que se pudesse considerar a cláusula de *no waiver* como verdadeira *replicatio*, ou seja, exceção da exceção[308], visto que se contraporia à exceção da *suppressio*. Ocorre que, por ser a boa-fé norma de ordem pública e a *suppressio* dela derivada, a cláusula não permite essa exceção à parte.

A presunção, por outro lado, é meio de prova indireto previsto legalmente pelo Código Civil. Seu conceito, no entanto, não é previsto pela legislação. A doutrina, contudo, define a presunção como "o convencimento antecipado da verdade provável a respeito de um fato desconhecido, obtida mediante fato conhecido e conexo"[309]. Ou seja, a presun-

[304] PONTES DE MIRANDA, Francisco Cavalcanti. **Tratado de Direito Privado**, t. VI. São Paulo: Borsoi, 1970, § 628.

[305] PONTES DE MIRANDA, Francisco Cavalcanti. **Tratado de Direito Privado**, t. VI. São Paulo: Borsoi, 1970, § 628.

[306] PONTES DE MIRANDA, Francisco Cavalcanti. **Tratado de Direito Privado**, t. VI. São Paulo: Borsoi, 1970, § 628.

[307] NEVES, Julio Gonzaga Andrade. **A suppressio (Verwirkung) no direito Civil**. São Paulo: Almedina, 2016, p. 72.

[308] PONTES DE MIRANDA, Francisco Cavalcanti. **Tratado de Direito Privado**, t. VI. São Paulo: Borsoi, 1970, § 628.

[309] COVELLO, Sergio Carlos. **A presunção em matéria civil**. São Paulo: Saraiva, 1983, p. 19.

ção se firma a partir de uma ideia de probabilidade do que normalmente ocorre, mas que não precisa ocorrer necessariamente[310].

As presunções podem ter como finalidade permitir a produção de certos efeitos jurídicos, reconhecer a modalidade de uma relação jurídica ou reconhecer o desfazimento de uma relação jurídica[311]. Em resumo, são técnicas de julgamento que acabam por obrigar o julgador (ou outro intérprete) a concluir de certa forma em presença de um fato ou estado de coisas.[312]

Existem duas categorias de presunção classicamente definidas pela doutrina quanto à sua origem: (i) as presunções legais e (ii) as presunções simples[313]. As presunções legais são as estabelecidas por meio de regras jurídicas cujo conteúdo estabelece determinado efeito quando da presença de determinada situação fática, admitindo ou não prova em contrário[314]. As presunções simples são as que consubstanciam raciocínio lógico formulado pelo intérprete que, pelo conhecimento de outro fato, considera existente um fato não comprovado[315].

Além dessa classificação quanto à origem, pode-se subdividir as presunções quanto à possibilidade de prova em contrário: em (i) *iuris*

[310] COVELLO, Sergio Carlos. **A presunção em matéria civil**. São Paulo: Saraiva, 1983, p. 25.

[311] COVELLO, Sergio Carlos. **A presunção em matéria civil**. São Paulo: Saraiva, 1983, p. 33.

[312] OLIVEIRA, Carlos Alberto Alvaro de. Presunções e Ficções no Direito Probatório. **Revista de Processo**, n. 196, 2011, p. 13-20, p. 14.

[313] MARTINS-COSTA, Judith. De princípios, regras, ficções e presunções (e de algumas confusões). *In*: MITIDIERO, Daniel; ADAMY, Pedro (coords.). **Direito, Razão e Argumento**: a reconstrução dos fundamentos democráticos e republicanos do direito público com base na teoria do direito. *Liber Amicorum* Professor Humberto Ávila. São Paulo: Malheiros, 2020, p. 353-366, p. 359.

[314] MARTINS-COSTA, Judith. De princípios, regras, ficções e presunções (e de algumas confusões). In: MITIDIERO, Daniel; ADAMY, Pedro (coords.). **Direito, Razão e Argumento**: a reconstrução dos fundamentos democráticos e republicanos do direito público com base na teoria do direito. *Liber Amicorum* Professor Humberto Ávila. São Paulo: Malheiros, 2020, p. 353-366, p. 359.

[315] MARTINS-COSTA, Judith. De princípios, regras, ficções e presunções (e de algumas confusões). In: MITIDIERO, Daniel; ADAMY, Pedro (coords.). **Direito, Razão e Argumento**: a reconstrução dos fundamentos democráticos e republicanos do direito público com base na teoria do direito. *Liber Amicorum* Professor Humberto Ávila. São Paulo: Malheiros, 2020, p. 353-366, p. 359.

tantum e (ii) *iuris et iure*. As presunções *iuris tantum* admitem prova em sentido contrário, enquanto as presunções *iure et iure* são absolutas, estabelecendo como verdadeiros certos fatos e relações jurídicas sem a possibilidade de comprovação em sentido contrário[316].

Como bem se pode perceber dos conceitos expostos, a cláusula de *no waiver* não parece se enquadrar propriamente em nenhum deles, visto que não dá à parte um direito, uma exceção e tampouco é a fonte reconhecida pela doutrina para o estabelecimento de presunções. Em verdade, isso acaba por ser reflexo do que foi debatido na primeira parte do livro, visto que a cláusula foi importada de outro sistema jurídico sem própria reflexão do que ela viria a consubstanciar sob a égide do direito brasileiro, podendo ser citada como um dos efeitos deletérios dos transplantes jurídicos[317]. Incumbiria à doutrina, portanto, buscar acomodar a figura no nosso direito[318].

O que se percebe é que a cláusula por si só estabelece apenas uma diretriz de interpretação ao julgador ou às partes, tendo em vista que ela estabelece a forma como um determinado comportamento da parte ao longo da execução contratual poderá ser interpretado, sendo que o limita, não podendo esse ser considerado para caracterizar renúncia, ou, até certo ponto, para criar expectativas legítimas de uma certa conduta na contraparte. É similar, por exemplo, à convenção das partes que o silêncio, em determinadas, circunstâncias, equivalerá à aceitação, a qual estabelece elemento de interpretação que aproxima o silêncio da manifestação tácita[319].

[316] OLIVEIRA, Carlos Alberto Alvaro de. Presunções e Ficções no Direito Probatório. **Revista de Processo**, n. 196, 2011, p. 13-20, p. 16-17.

[317] LEGRAND, Pierre. The Impossibility of Legal Transplants. **Maastricht Journal of European and Comparative Law**, v. 4, n. 2, p. 111-124, 1997, p. 117-118. Com base nessas conclusões, o autor afirma que os transplantes jurídicos são impossíveis, pois a regra que existia em um outro sistema jurídico não é magicamente transportada a outro, pois no outro passa a ser outra regra conforme a conjuntura interpretativa de cada comunidade.

[318] Sobre a utilidade da doutrina, ver: MARTINS-COSTA, Judith. Autoridade e utilidade da doutrina: a construção dos modelos doutrinários. *In*: MARTINS-COSTA, Judith. **Modelos de Direito Privado**. São Paulo: Marcial Pons, 2014, p. 09-40.

[319] ANDRADE, Darcy Bessone de Oliveira. **Aspectos da Evolução da Teoria dos Contratos**. São Paulo: Saraiva, 1949, p. 54.

A cláusula de *no waiver* faz quase o oposto da cláusula que qualifica o silêncio, pois ela estabelece que condutas que normalmente poderiam ser utilizadas para caracterizar a manifestação de vontade tácita sejam desconsideradas pelo intérprete, por convenção das partes. Sendo assim, pode-se dizer que essa cláusula contratual estabelece um determinado padrão interpretativo da conduta das partes, impondo que o intérprete desconsidere que certas condutas poderiam caracterizar manifestações de vontade tácitas. É basicamente um descarte de determinados comportamentos das partes do âmbito interpretativo da relação contratual, podendo, assim, ser classificada como uma cláusula estabelecedora de uma regra de interpretação[320].

Essa classificação por si só já tem consequências quanto à validade da cláusula de *no waiver*, pois insere a cláusula dentre o sistema de interpretação previsto pelo Código Civil. A interpretação contratual é uma atividade que o intérprete deve desenvolver de acordo com um método[321]. E, embora de fato o sistema brasileiro traga poucas normas legislativas expressas sobre a interpretação negocial[322], há de se partir dos dispositivos da legislação que estabelecem esse método ao intérprete: os artigos 112 e 113 do Código Civil.

No artigo 112 está o postulado da intenção comum das partes, o postulado normativo de toda a interpretação contratual, a grande premissa do processo interpretativo, a finalidade da indagação hermenêutica[323]. É também o reconhecido fundamento da interpretação meramente recognitiva, estabelecendo o "critério da intenção", por meio do qual se

[320] Geneviéve Helleringer classifica como cláusulas de método de interpretação aquelas por meio das quais as partes podem convencionar o que incluem ou descartam da interpretação de uma relação contratual, como as cláusulas de entendimento integral ou de *voisinage* (HELLERINGER, Geneviève. ***Les Clauses du Contrat*: essai de typologie**. Paris: LGDJ, 2012, p. 314).

[321] A expressão "roteiro de trabalho" é utilizada por Guilherme Carneiro Monteiro Nitschke ao propor um método para colmatação de lacunas contratuais. Ver: NITSCHKE, Guilherme Carneiro Monteiro. **Lacunas Contratuais e Interpretação**: história, conceito e método. São Paulo: Quartier Latin, 2019, p. 444.

[322] MARINO, Francisco Paulo De Crescenzo. **Interpretação do Negócio Jurídico**. São Paulo: Saraiva, 2011, p. 251.

[323] NITSCHKE, Guilherme Carneiro Monteiro. **Lacunas Contratuais e Interpretação**: história, conceito e método. São Paulo: Quartier Latin, 2019, p. 444-448.

buscará o entendimento concreto das partes mediante todos os meios interpretativos à disposição do intérprete[324].

Nos artigos 112 e 113 estão, também, os critérios a serem utilizados para se alcançar esse fim, que é desvendar a intenção comum das partes; são critérios como os princípios da ultraliteralidade e da boa-fé[325]. A noção de ultraliteralidade refere, basicamente, ao fato de que a intenção comum das partes não se limita apenas à literalidade do contrato, podendo o intérprete ir além do texto contratual (quando este não é suficiente) para desvelar a intenção comum[326]. A função interpretativa da boa-fé atua como um recurso para a interpretação flexibilizadora da vontade das partes, agindo como um auxílio na reconstrução da declaração negocial "conforme o espírito", mas também "para sanar lacunas, ambiguidades e obscuridades"[327]. É, portanto, cláusula geral que deve ser preenchida pelo intérprete por meio do método da concreção[328].

Depois, nessa escala hierárquica, o art. 113, em especial após a reforma da Lei da Liberdade Econômica, passa a elencar regras de interpretação para que o intérprete desenvolva o seu trabalho. No ponto, cumpre ressaltar a regra contida no inciso I do § 1º, que prevê que a interpretação no negócio jurídico deve lhe atribuir o sentido que "for

[324] MARINO, Francisco Paulo De Crescenzo. **Interpretação do Negócio Jurídico**. São Paulo: Saraiva, 2011, p. 253.

[325] A classificação das previsões dos artigos 112 e 113 como postulados, princípios e regras é feita por FERREIRA DA SILVA, Luis Renato. A Interpretação contratual e a sua sistemática no Código Civil de 2002 após o advento da lei 13.874/2019. *In*: BARBOSA, Henrique; FERREIRA DA SILVA, Jorge Cesa. **A Evolução do Direito Empresarial e Obrigacional:** 18 anos do Código Civil, v. II. São Paulo: Quartier Latin, 2021, pp. 397-415, p. 402, com base na doutrina de Humberto Ávila. (ÁVILA, Humberto. **Teoria dos Princípios**. 14ª ed. São Paulo: Malheiros, 2013, p. 142).

[326] FERREIRA DA SILVA, Luis Renato. A Interpretação contratual e a sua sistemática no Código Civil de 2002 após o advento da lei 13.874/2019. *In*: BARBOSA, Henrique; FERREIRA DA SILVA, Jorge Cesa. **A Evolução do Direito Empresarial e Obrigacional:** 18 anos do Código Civil, v. II. São Paulo: Quartier Latin, 2021, pp. 397-415, p. 402.

[327] MARINO, Francisco Paulo De Crescenzo. **Interpretação do Negócio Jurídico**. São Paulo: Saraiva, 2011, p. 270-274.

[328] MENKE, Fabiano. Arts. 104 a 185. *In*: NANNI, Giovani Ettore (org.) **Comentários ao Código Civil**: Direito Privado Contemporâneo. São Paulo: Saraiva, 2021, p. 205-248, p. 123. Sobre o método da concreção, ver: MENKE, Fabiano. A interpretação das cláusulas gerais: a subsunção e a concreção dos conceitos. **Revista de Direito do Consumidor**, v. 50. jun. 2004, p. 09-35.

confirmado pelo comportamento das partes posterior à celebração do negócio".

O comportamento posterior das partes na execução das disposições contratuais é um antigo e seguro critério hermenêutico, a "regra de ouro" da interpretação, que funciona como "guia indefectível do intérprete"[329]. Por meio de sua conduta, as partes revelam o verdadeiro sentido dado às suas declarações[330]. Nesse sentido, nas palavras de Judith Martins-Costa[331]: "O valor hermenêutico do comportamento posterior das partes (traduzido em declarações, condutas e atos de execução contratual) é induvidoso, aqui e alhures". Assim, o comportamento posterior "indicará os elementos de como as partes compreenderam e de como passaram a executar o conteúdo negocial estipulado"[332].

Esse comportamento não é o mesmo que será abordado no próximo tópico deste estudo, que configura alteração ao conteúdo do contrato, mas sim o comportamento que as partes vêm desenvolvendo na compreensão do que se encontra escrito no contrato[333]. Mesmo assim, há de se questionar, pela classificação jurídica de regra de interpretação dada à cláusula de *no waiver*, se também essa regra não poderia ser derrogada pelas partes quando da pactuação desse tipo de cláusula contratual.

A resposta parece ser positiva, mas somente se o comportamento posterior das partes implicar interpretação que restringe ou limita algum direito da parte que pretende a interpretação diversa, pois esse é, fundamentalmente, o objetivo da cláusula de *no waiver*. Assim, em sendo regra de interpretação, é expressamente permitido, segundo o § 2º do art. 113 (e pela jurisprudência e doutrina que o precedem) que a regra

[329] VALLADÃO, Erasmo. A conduta dos associados como regra de interpretação dos estatutos de uma associação. *In*: VALLADÃO, Erasmo. **Temas de Direito Societário, Falimentar e Teoria da Empresa**. São Paulo: Malheiros, 2009, p. 175-184, p. 181.

[330] MARTINS-COSTA, Judith. **A boa-fé no direito privado**: critérios para sua aplicação. São Paulo: Saraiva, 2018, p. 511-512

[331] MARTINS-COSTA, Judith. **A boa-fé no direito privado**: critérios para sua aplicação. São Paulo: Saraiva, 2018, p. 511-512

[332] MENKE, Fabiano. Arts. 104 a 185. *In*: NANNI, Giovani Ettore (org.) **Comentários ao Código Civil**: Direito Privado Contemporâneo. São Paulo: Saraiva, 2021, p. 205-248, p. 126

[333] FERREIRA DA SILVA, Luis Renato. A Interpretação contratual e a sua sistemática no Código Civil de 2002 após o advento da lei 13.874/2019. *In*: BARBOSA, Henrique; FERREIRA DA SILVA, Jorge Cesa. **A Evolução do Direito Empresarial e Obrigacional:** 18 anos do Código Civil, v. II. São Paulo: Quartier Latin, 2021, pp. 397-415, p. 408.

da interpretação do comportamento das partes seja afastada pela pactuação da cláusula de *no waiver*, não se estendendo, contudo, aos princípios interpretativos, como o da ultraliteralidade e o da boa-fé[334]. Passa-se a analisar outras formas por meio das quais o comportamento das partes pode ser afetado pela cláusula e as limitações à cláusula de *no waiver*.

2.1.1.2. Modificações tácitas do negócio jurídico: renúncia e alterações tácitas

A liberdade de contratar não necessariamente precisa ser exercida de maneira expressa para que seja constituído negócio jurídico. Isso porque o direito aceita, além da declaração de vontade expressa, para a configuração do ato ou negócio jurídico a manifestação de vontade tácita, aquela que resulta de circunstância indicativa da vontade, mero comportamento, portanto não assumindo a forma de declaração[335]. Tal afirmação encontra respaldo no art. 107 do Código Civil, o qual prevê a liberdade das formas a não ser que previsto expressamente em contrário pela lei[336].

Por mais que parte da doutrina, exemplificativamente Junqueira de Azevedo, qualifique a declaração de vontade como um elemento essencial da existência do negócio jurídico, relegando a análise do processo volitivo, da vontade em si, ao plano da validade[337], entende-se, seguindo

[334] FERREIRA DA SILVA, Luis Renato. A Interpretação contratual e a sua sistemática no Código Civil de 2002 após o advento da lei 13.874/2019. *In*: BARBOSA, Henrique; FERREIRA DA SILVA, Jorge Cesa. **A Evolução do Direito Empresarial e Obrigacional:** 18 anos do Código Civil, v. II. São Paulo: Quartier Latin, 2021, pp. 397-415, p. 414.

[335] GOMES, Orlando. **Contratos.** 26ª ed. atual. Antonio Junqueira de Azevedo e Francisco Paulo De Crescenzo Marino. Rio de Janeiro: Forense, 2008, p. 61.

[336] "Art. 107. A validade da declaração de vontade não dependerá de forma especial, senão quando a lei expressamente a exigir" (BRASIL. **Lei nº 10.406, de 10 de janeiro de 2002.** Institui o Código Civil. Brasília, DF: Presidência da República, [2002]. Disponível em: http://www.planalto.gov.br/ccivil_03/leis/2002/l10406.htm. Acesso em: 23 jun. 2022).

[337] AZEVEDO, Antônio Junqueira de. **Negócio Jurídico**: existência, validade e eficácia. 4ª ed. São Paulo: Saraiva, 2002, p. 82. Na p. 117, Junqueira defende também que a manifestação de vontade simples não poderá constituir negócio jurídico. Por mais que as consequências não sejam tão distintas, por conta do conceito de declaração de vontade, em sua visão, incluir toda manifestação de vontade qualificada por circunstâncias que permitem que seja vista socialmente como dirigido à produção de efeitos jurídicos, há de se discordar dessa conclusão e adotar o pensamento de Pontes de Miranda, pois vê-se a possibilidade de que

a linha de Pontes de Miranda, que não apenas a declaração poderá preencher o suporte fático do negócio jurídico[338], mas também outras formas de manifestação de vontade. Sendo assim, a própria vontade será elemento de existência do negócio, e não apenas a declaração como defendido por parte da doutrina.

No direito italiano, Emilio Betti também refere a possibilidade que um ato ou negócio jurídico seja reconhecido seja com base em declaração, seja com base em um comportamento puro e simples sem valor de declaração[339]. A distinção entre os dois, segundo o autor, seria a de que a declaração de vontade seria um evento psíquico na mente do destinatário, apelando à consciência e à vontade das pessoas, enquanto o comportamento puro seria um mero evento material, resultando em uma mera modificação objetiva da situação de fato preexistente ao negócio[340].

No ponto, cabe também destacar a distinção feita por Pontes de Miranda entre declarações de vontade, as quais seriam caracterizadas como toda manifestação declarada de vontade, em que há intenção de declarar e divulgar, e simples manifestações de vontade (atos volitivos adeclarativos) em que os atos de uma pessoa são utilizados como indício de sua vontade[341]. Seriam, portanto, as declarações manifestações qualificadas de vontade[342].

Logo, existem negócios jurídicos em que a manifestação simples poderá preencher o suporte fático necessário para sua constituição, dispensando-se a declaração de vontade expressa[343]. Isso acontece especialmente nos casos em que os atos adeclarativos estão tão próximos de

alguns negócios jurídicos sejam constituídos por simples manifestação de vontade, como ficará claro ao longo deste tópico.

[338] PONTES DE MIRANDA, Francisco Cavalcanti. **Tratado de Direito Privado**, t. III. São Paulo: Borsoi, 1970, § 249.

[339] BETTI, Emilio. **Teoria Generale del Negozio Giurídico**. Napoli: Edizioni Scientifiche Italiane, 2002, p. 127.

[340] BETTI, Emilio. **Teoria Generale del Negozio Giurídico**. Napoli: Edizioni Scientifiche Italiane, 2002, p. 128.

[341] PONTES DE MIRANDA, Francisco Cavalcanti. **Tratado de Direito Privado**, t. III. São Paulo: Borsoi, 1970, § 249.

[342] MELLO, Marcos Bernardes de. **Teoria do Fato Jurídico**: plano da existência. 22ª ed. São Paulo: Saraiva, 2019, p. 209.

[343] OLIVEIRA, Carlos Alberto Alvaro de. Presunções e Ficções no Direito Probatório. **Revista de Processo**, vol. 196, 2011, p. 13-20, p. 14.

uma declaração de vontade que seriam considerados pelo direito como declarações de vontade tácitas[344]. No ponto, cabe fazer menção à categoria do "contato social" trazida por Clóvis do Couto e Silva, a qual justifica o nascimento de direitos e obrigações quando não existe contrato[345]. O autor qualifica, por conta da materialidade do ato e ausência de relevância dada à vontade, como ato-fato[346].

As manifestações de vontade tácitas seriam então aquelas resultantes de um modo voluntário de se proceder que se demonstra como um fato exterior que, por normas de experiência, revela que aquele que o pratica, manifesta ou declara uma vontade inconciliável com uma vontade oposta[347]. Por conta disso, essas manifestações tácitas podem ser consideradas suficientes para o preenchimento do suporte fático de um negócio jurídico. Dependerá, assim, do tipo de manifestação de vontade que a norma jurídica exige para a formação do negócio jurídico[348], visto que tanto a lei quanto as partes podem exigir a manifestação expressa da vontade para certos atos[349].

Entretanto, há diferença crucial entre as duas figuras, motivo pelo qual não podem simplesmente ser consideradas iguais ou parte de uma mesma categoria. Nas manifestações silentes (ou tácitas) a lei ou as circunstâncias colocam como assente que a intenção clara de comunicar a vontade da parte existe, enquanto nos atos adeclarativos não há essa intenção, sendo o ato por si só o indício da vontade[350]. Nesse sentido, não será sempre que um ato adeclarativo poderá ser suporte fático para um negócio jurídico, pois este será apenas um indício de vontade,

[344] PONTES DE MIRANDA, Francisco Cavalcanti. **Tratado de Direito Privado**, t. III. São Paulo: Borsoi, 1970, § 249, p. 56-57.

[345] COUTO E SILVA, Clóvis do. **A obrigação como processo**. Rio de Janeiro: Editora FGV, 2006, p. 75-77.

[346] COUTO E SILVA, Clóvis do. **A obrigação como processo**. Rio de Janeiro: Editora FGV, 2006, p. 75-77.

[347] RÁO, Vicente. **Ato Jurídico**. 4ª ed. São Paulo: Revista dos Tribunais, 1999, p. 121.

[348] MELLO, Marcos Bernardes de. **Teoria do Fato Jurídico**: plano da existência. 22ª ed. São Paulo: Saraiva, 2019, p. 210.

[349] ANDRADE, Darcy Bessone de Oliveira. **Aspectos da Evolução da Teoria dos Contratos**. São Paulo: Saraiva, 1949, p. 52.

[350] PONTES DE MIRANDA, Francisco Cavalcanti. **Tratado de Direito Privado**, t. III. São Paulo: Borsoi, 1970, § 249, p. 57-58.

enquanto na declaração de vontade, mesmo que tácita, há a declaração, embora sem palavras expressas[351].

Ademais, também há diferença substancial entre a manifestação tácita e a declaração expressa, a qual pode ser apontada, dentre variados outros critérios de diferenciação, por um parâmetro estritamente objetivo. Enquanto a declaração expressa é feita por símbolos, entendidos como sinais linguísticos com dimensão semântica relativamente constante, a manifestação tácita é feita por meio de sinais, atos e fatos não enquadrados em uma relação de significado preestabelecida[352]. Basicamente, haverá declaração expressa quando um determinado meio é utilizado com o objetivo de se fazer conhecer a declaração; enquanto essa será tácita quando, embora sem pretender comunicar a declaração, o declarante age de forma incompatível com a vontade de não declarar/aceitar[353].

Para saber se a manifestação de vontade tácita ou ato adeclarativo poderá ser suporte fático de um negócio jurídico, é preciso saber se a vontade que ali se declara (ou manifesta) contém a vontade de estabelecer negócio jurídico, pois não há negócio sem vontade[354]. Isso significa que a consciência tem papel essencial nas manifestações de vontade e na formação de negócios jurídicos[355]. A exigência da consciência de vontade não necessariamente significa que a parte tem ciência e intenção de que está praticando um negócio jurídico, mas sim que ela tem ciência da vontade que está manifestando[356]. Quando se toma um ônibus ou vai ao cinema, quer-se aquilo que se manifesta, mas nem sempre há intenção

[351] PONTES DE MIRANDA, Francisco Cavalcanti. **Tratado de Direito Privado**, t. III. São Paulo: Borsoi, 1970, § 249.

[352] MARINO, Francisco Paulo De Crescenzo. **Interpretação do Negócio Jurídico**. São Paulo: Saraiva, 2011, p. 90-91.

[353] TUTIKIAN, Priscila David Sansone Silêncio como Declaração Negocial na Formação dos Contratos (sob a perspectiva dos modelos hermenêuticos de Miguel Reale). *In*: MARTINS-COSTA, Judith. **Modelos de Direito Privado**. São Paulo: Marcial Pons, 2014, p. 145-176, p. 151.

[354] PONTES DE MIRANDA, Francisco Cavalcanti. **Tratado de Direito Privado**, t. III. São Paulo: Borsoi, 1970, § 249.

[355] PONTES DE MIRANDA, Francisco Cavalcanti. **Tratado de Direito Privado**, t. III. São Paulo: Borsoi, 1970, § 249.

[356] MELLO, Marcos Bernardes de. **Teoria do Fato Jurídico**: plano da existência. 22ª ed. São Paulo: Saraiva, 2019, p. 212.

e ciência de firmar um contrato de transporte ou de exibição cinematográfica[357].

O silêncio, conforme previsto pelo art. 111 do Código Civil e como uma terceira forma de declaração[358], também pode importar anuência e, portanto, ser parte do suporte fático de um determinado negócio jurídico, mas somente quando as circunstâncias ou os usos autorizarem[359]. Essa previsão constitui cláusula geral, pois é o juiz que poderá avaliar quando o silêncio resultará em aceitação ou não[360], a ele incumbirá examinar o silêncio através das circunstâncias que o acompanharem a fim de se dizer qual o seu valor no caso concreto[361]. Assim sendo, pode-se dizer que o Código consagra o silêncio circunstanciado como forma de aceitação negocial[362].

Contudo, há de se tomar cuidado com a denominada "hipertrofia" do domínio jurídico negocial por conta da aceitação da declaração tácita, dos atos adeclarativos ou do silêncio como elementos constitutivos do negócio jurídico, a fim de que não se permita a vinculação das partes sem verdadeira manifestação de vontade. Isso pode trazer insegurança jurídica, pois vincula partes a direitos e obrigações por meio de negó-

[357] MELLO, Marcos Bernardes de. **Teoria do Fato Jurídico**: plano da existência. 22ª ed. São Paulo: Saraiva, 2019, p. 212-213.

[358] Sobre a classificação do silêncio como forma de declaração independente da declaração expressa ou tácita, ver: TUTIKIAN, Priscila David. Sansone Silêncio como Declaração Negocial na Formação dos Contratos (sob a perspectiva dos modelos hermenêuticos de Miguel Reale). *In*: MARTINS-COSTA, Judith. **Modelos de Direito Privado**. São Paulo: Marcial Pons, 2014, p. 145-176, p. 158.

[359] BENETTI, Giovana. A Aceitação pelo Silêncio na Convenção de Viena das Nações Unidas sobre Contratos de Compra e Venda Internacional de Mercadorias (CISG) e no Código Civil Brasileiro. *In*: SCHWENZER, Ingeborg; PEREIRA, Cesar A. Guimarães; TRIPODI, Leandro. **A CISG e o BRASIL**: Convenção das Nações Unidas para os Contratos de Compra e Venda Internacional de Mercadorias. São Paulo: Marcial Pons, 2015, p. 261-291, p. 271.

[360] FRADERA, Vera. Parecer: interpretação de contrato de distribuição à luz da boa-fé objetiva sob o enfoque da doutrina alemã. **Revista dos Tribunais**, v. 989, p. 439-462, 2018, p. 445.

[361] SERPA LOPES, Miguel Maria de. **O Silêncio como Manifestação da Vontade**. 3ª ed. Rio de Janeiro: Freitas Bastos, 1961, p. 165.

[362] TUTIKIAN, Priscila David Sansone. Silêncio como Declaração Negocial na Formação dos Contratos (sob a perspectiva dos modelos hermenêuticos de Miguel Reale). *In*: MARTINS-COSTA, Judith. **Modelos de Direito Privado**. São Paulo: Marcial Pons, 2014, p. 145-176, p. 145.

cio jurídico, sendo que estas não possuem ciência de suas manifestações, nem as desejam. Paulo Mota Pinto descreve que essa "hipertrofia" estaria caracterizada pelo emprego abusivo da categoria "declaração tácita" para enquadrar hipóteses em que essa qualificação caberia impropriamente onde, na realidade, estariam causas diversas para a vinculação da parte a uma situação, como interpretação do negócio ou outras vinculações estranhas ao negócio jurídico[363].

Segundo o autor, essa hipertrofia pode causar relevantes distorções, pois permite a aplicação do regime particular do negócio jurídico para casos de heterovinculação (em que a autonomia privada não entra em discussão, pois é a lei ou a decisão judicial que determina a vinculação da parte a um determinado comportamento)[364]. Essa distorção não é desejável, pois permitirá que, por exemplo, limitações aplicáveis à autonomia privada atinjam figuras que não dizem respeito a ela, mas sim a outras fontes heterônomas.

Assim, é importante estabelecer que todo o negócio jurídico conterá, por óbvio, ao menos uma manifestação de vontade (seja ela uma declaração ou não, mas com o cuidado de sempre exigir que haja vontade de estabelecer negócio jurídico), momento em que será denominado negócio jurídico unilateral[365]. Há diversas formas de negócios jurídicos unilaterais, mas uma delas é a renúncia, alvo principal da cláusula de *no waiver*, objeto deste livro, é negócio jurídico unilateral[366] que se caracte-

[363] MOTA PINTO, Paulo. **Declaração Tácita e Comportamento Concludente no Negócio Jurídico**. Coimbra: Almedina, 1995, p. 71-72.

[364] MOTA PINTO, Paulo. **Declaração Tácita e Comportamento Concludente no Negócio Jurídico**. Coimbra: Almedina, 1995, p. 72.

[365] PONTES DE MIRANDA, Francisco Cavalcanti. **Tratado de Direito Privado**, t. III. São Paulo: Borsoi, 1970, § 279.

[366] A classificação da renúncia como negócio jurídico unilateral não é completamente assente na doutrina, havendo quem classifique a figura como ato jurídico stricto sensu (VELOSO, Zeno. Fato jurídico - ato jurídico - negócio jurídico. **Revista de Direito Civil: Imobiliário, Agrário e Empresarial**, n. 74, p. 87-95, out. 1995, p. 90). Parece, contudo, mais adequado definir a renúncia como negócio jurídico, por compreender uma declaração de vontade que demanda maior controle valorativo, cf. PONTES DE MIRANDA, Francisco Cavalcanti. **Tratado de Direito Privado**, t. III. São Paulo: Borsoi, 1970, § 279, p. 215; VAZ, Marcela Campinho. **Renúncia de Direitos**: limites e parâmetros de aplicação no Direito Civil. 2019. 182 f. Dissertação (Mestrado – Direito) - Universidade do Estado do Rio de Janeiro, Rio de Janeiro, 2019, p. 38.

riza pela "deixação do que é de valor para alguém por manifestação de vontade"[367]. Na cláusula de *no waiver*, as partes limitam a possibilidade de que seja caracterizada renúncia a direito pelo mero comportamento das partes.

A renúncia ocorre quando o titular se afasta da pretensão sem que, com isso, outro adquira o seu direito[368]. Então, a renúncia produz a separação desse direito do seu titular e a ausência de sujeito que o titularize a partir de então[369]. Essa ausência de titular pode levar a variadas consequências, que se mostram como meros reflexos do ato e acompanham de forma indireta o ato propriamente dito, como é o caso da aquisição do direito por sujeito alheio à relação, o benefício de terceiro ou até mesmo a extinção definitiva do direito outrora titularizado pela parte que dele renunciou[370]. Contudo, como efeito da renúncia, há de se apontar apenas a eliminação do direito, sendo quaisquer outros efeitos meros reflexos, estranhos ao ato renunciativo[371].

Noutras palavras, renunciar é abdicar, o que significa que a renúncia geralmente não é translativa de direitos – quem renuncia perde, mas não transfere direito a outro[372]. Portanto, a função da renúncia é abdicativa e não extintiva ou translativa de direitos[373]. Logo, não é necessário que haja qualquer autorização da outra parte para que o titular

[367] PONTES DE MIRANDA, Francisco Cavalcanti. **Tratado de Direito Privado**, t. III. São Paulo: Borsoi, 1970, § 279, p. 215.

[368] PONTES DE MIRANDA, Francisco Cavalcanti. **Tratado de Direito Privado**, t. III. São Paulo: Borsoi, 1970, § 279, p. 220.

[369] VAZ, Marcela Campinho. **Renúncia de Direitos**: limites e parâmetros de aplicação no Direito Civil. 2019. 182 f. Dissertação (Mestrado – Direito) - Universidade do Estado do Rio de Janeiro, Rio de Janeiro, 2019, p. 22.

[370] VAZ, Marcela Campinho. **Renúncia de Direitos**: limites e parâmetros de aplicação no Direito Civil. 2019. 182 f. Dissertação (Mestrado – Direito) - Universidade do Estado do Rio de Janeiro, Rio de Janeiro, 2019, p. 23.

[371] CAVALCANTI, José Paulo. **Da Renúncia no Direito Civil**. Rio de Janeiro: Forense, 1958, p. 15.

[372] PONTES DE MIRANDA, Francisco Cavalcanti. **Tratado de Direito Privado**, t. III. São Paulo: Borsoi, 1970, § 279, p. 216.

[373] VAZ, Marcela Campinho. **Renúncia de Direitos**: limites e parâmetros de aplicação no Direito Civil. 2019. 182 f. Dissertação (Mestrado – Direito) - Universidade do Estado do Rio de Janeiro, Rio de Janeiro, 2019, p. 24.

do direito dele abdique[374]. Em verdade, quando a renúncia elege uma determinada parte para receber o patrimônio renunciado e passa a ser translativa, configura-se doação, não mais renúncia[375].

Essa natureza abdicativa e unilateral da renúncia faz com que parte da doutrina defenda que a renúncia seja classificada como um ato não receptício, visto que não se vê razão para subordinar a sua eficácia à recepção da declaração pelo sujeito eventualmente afetado pelo negócio[376]. Há, contudo, a possibilidade de que a lei exija esse caráter receptício em algumas espécies de renúncia, o que fará com que, nesses casos, a renúncia seja revogável enquanto ainda não recebida pela outra parte[377].

Esse parece ser o caso, por exemplo, da renúncia ao mandato, uma das causas elegidas pelo Código para sua cessação conforme disposto no art. 682. Nesse sentido, mencionam-se as previsões dos artigos 688 e 689. O art. 688 prevê especificamente sobre a comunicação da renúncia pelo mandatário ao mandante; enquanto o art. 689 prevê a validade dos atos enquanto ignorada a extinção do mandato pelos contratantes de boa-fé.

É renúncia em sentido próprio, por exemplo, a renúncia à execução do contrato, feita por declaração unilateral de vontade do credor sem pedir a resolução do contrato[378]. Nesse caso, parece fazer sentido que haja a possibilidade de revogação caso a comunicação de renúncia não tenha atingido o seu destinatário, justamente pelo fato de a renúncia envolver o cerne da relação contratual, em que, por óbvio, as manifestações de vontade são receptícias. Assim, antes que a renúncia tenha atingido o cocontratante será possível revogá-la.

[374] VAZ, Marcela Campinho. **Renúncia de Direitos**: limites e parâmetros de aplicação no Direito Civil. 2019. 182 f. Dissertação (Mestrado – Direito) - Universidade do Estado do Rio de Janeiro, Rio de Janeiro, 2019, p. 22.

[375] SANSEVERINO, Paulo de Tarso Vieira. **Contratos Nominados II**. São Paulo: Revista dos Tribunais, 2006, p. 63.

[376] VAZ, Marcela Campinho. **Renúncia de Direitos**: limites e parâmetros de aplicação no Direito Civil. 2019. 182 f. Dissertação (Mestrado – Direito) - Universidade do Estado do Rio de Janeiro, Rio de Janeiro, 2019, p. 49-50.

[377] VAZ, Marcela Campinho. **Renúncia de Direitos**: limites e parâmetros de aplicação no Direito Civil. 2019. 182 f. Dissertação (Mestrado – Direito) - Universidade do Estado do Rio de Janeiro, Rio de Janeiro, 2019, p. 51-54.

[378] PONTES DE MIRANDA, Francisco Cavalcanti. **Tratado de Direito Privado**, t. III. São Paulo: Borsoi, 1970, § 279, pp. 216-217.

Da mesma forma que toda declaração de vontade, a renúncia pode ser tácita, ou seja, identificável não por manifestação expressa da vontade em abdicar, mas por condutas do credor ao abdicar de determinado direito[379]. Tal possibilidade inclusive encontra-se respaldada por disposições específicas do Código Civil que, em seu art. 191, indica a possibilidade de renúncia tácita à prescrição e, em seu art. 330, prevê a presunção de renúncia quando o pagamento é feito reiteradamente em outro local sem oposição do credor.

Dessa forma, renúncia tácita irá ocorrer, por exemplo, quando forem tomados atos concludentes que se mostrarem incompatíveis com o exercício de determinado direito, como é o caso do pagamento total ou parcial da obrigação prescrita[380]. Isso porque a manifestação de vontade tácita é basicamente uma figura que remonta à contradição, no sentido que se configura a manifestação tácita quando o dissenso é contraditório aos fatos e, portanto, se conclui pelo consenso da parte[381]. Contudo, a renúncia tácita deve ser inequívoca e será, como qualquer renúncia, interpretada estritamente, conforme previsto no art. 114 do Código Civil.

As características da renúncia tácita fazem com que o liame de diferenciação entre essa e outras figuras ligadas à boa-fé e à proteção das legítimas expectativas (como é o caso da *suppressio*) fique tênue e de difícil concreção, pois basicamente é a partir da conduta da parte que se poderá retirar a ocorrência de um ou de outro. A confusão é classicamente encontrada na jurisprudência[382].

Em recentíssimo caso julgado pelo Tribunal de Justiça de São Paulo, entendeu-se pela ocorrência de *supressio* por conta da ausência de cobrança dos encargos moratórios por pagamentos feitos em atraso

[379] ALVIM, Agostinho. **Da inexecução das obrigações e suas consequências.** 5ª ed. São Paulo: Saraiva, 1980, p. 161.

[380] VAZ, Marcela Campinho. **Renúncia de Direitos**: limites e parâmetros de aplicação no Direito Civil. 2019. 182 f. Dissertação (Mestrado – Direito) - Universidade do Estado do Rio de Janeiro, Rio de Janeiro, 2019, p. 131-132.

[381] ANDRADE, Darcy Bessone de Oliveira. **Aspectos da Evolução da Teoria dos Contratos.** São Paulo: Saraiva, 1949, p. 50.

[382] SÃO PAULO. Tribunal de Justiça de São Paulo. **Apelação Cível 1028923-21.2020.8.26.0001.** Relatora: Lígia Araújo Bisogni. Julgado em: 07 mar. de 2022, DJe 11 mar. 2022.

no âmbito de contrato de prestação de serviços de portaria 24 horas[383]. Apesar de tal entendimento constar da fundamentação do acórdão, na ementa consta equivocadamente a "renúncia tácita" aos encargos de mora, comprovando a existência de confusão conceitual.

Com base nessa mesma concepção equivocada, há quem diga que ocorreria a modificação tácita do negócio jurídico[384] por incidência da boa-fé objetiva. Tal concepção está equivocada, pois a ocorrência de renúncia tácita ou de *suppressio*, por exemplo, parte de premissas completamente distintas. Uma é o oposto da outra, basicamente, pois a renúncia é expressão da autonomia da vontade e a outra é sua limitação por meio da atuação da boa-fé como corretora do conteúdo de um negócio jurídico. Por mais que os fatos que levam à caracterização da renúncia tácita e da *suppressio* (ou outras figuras ligadas à proteção das legítimas expectativas e à limitação ao comportamento contraditório) possam ser semelhantes, como é o caso do credor que recebe alugueres com atraso sem protesto por anos, o suporte fático é distinto, assim como as suas consequências.

Contudo, a renúncia tácita é uma figura utilizada frequentemente como uma "cobertura" para soluções de equidade à limitação do comportamento contraditório, como é o caso da *suppressio*[385]. Assim, utiliza-se a ideia de declaração tácita como uma ficção[386], tratando um fato falso (existência de declaração) como se verdadeiro fosse[387]. Isso faz com que a distinção entre as duas figuras seja ainda mais dificultada pela con-

[383] SÃO PAULO. Tribunal de Justiça de São Paulo. **Apelação Cível 1028923-21.2020.8.26.0001.** Relatora: Lígia Araújo Bisogni. Julgado em: 07 mar. de 2022, DJe 11 mar. 2022.

[384] DICKSTEIN, Marcelo. **A boa-fé objetiva na modificação tácita da relação jurídica:** surrectio e suppressio. Rio de Janeiro: Editora Lumen Juris, 2010, p. 117-118.

[385] MOTA PINTO, Paulo. **Declaração Tácita e Comportamento Concludente no Negócio Jurídico.** Coimbra: Almedina, 1995, p. 119.

[386] MOTA PINTO, Paulo. **Declaração Tácita e Comportamento Concludente no Negócio Jurídico.** Coimbra: Almedina, 1995, p. 119.

[387] BENETTI, Giovana; XAVIER, Rafael Branco; WEBBER, Pietro Benedetti Teixeira. Comentário 2º, IV da LLE. *In:* MARTINS-COSTA, Judith; NITSCHKE, Guilherme. **Direito Privado na Lei da Liberdade Econômica:** comentários. São Paulo: Almedina, 2022, no prelo.

fusão quase histórica, até mesmo porque há uma certa equivalência funcional entre elas[388].

Enquanto na renúncia a perda do direito decorre do exercício da autonomia privada através de uma manifestação de vontade negocial do titular de um direito, na *suppressio* a limitação do exercício do direito ocorrerá pelo exato oposto – a coibição do comportamento desleal do titular de um direito, ou seja, pela ocorrência de ato ilícito quando do exercício abusivo de um direito[389]. Nesse caso existe a possibilidade de nem sequer existir vontade abdicativa por parte do titular[390].

Aliás, enquanto na *suppressio,* como será analisado a seguir, o objetivo é proteger as legítimas expectativas da outra parte, no caso da renúncia a vantagem ao terceiro é desimportante à sua caracterização. Em verdade, qualquer vantagem que venha a auferir um terceiro, no caso da renúncia de direitos, não a terá como causa, mas sim ocorrerá a outro título[391].

Em relação à renúncia tácita, como já mencionado, deve haver intenção do credor, por mais que não declarada. Afinal, sem vontade não há como se defender a concretização de um negócio jurídico[392], mesmo que unilateral. Nesse sentido, será necessário aferir se o comportamento do suposto renunciante se reveste de caráter voluntário e consciente de seus efeitos[393]. Tal análise dependerá de elementos objetivos (atos do agente incompatíveis com o desejo de manter a titularidade de um direito) e subjetivos (ciência do agente acerca da existência desse direito).

[388] MOTA PINTO, Paulo. **Declaração Tácita e Comportamento Concludente no Negócio Jurídico**. Coimbra: Almedina, 1995, p. 124.

[389] VAZ, Marcela Campinho. **Renúncia de Direitos**: limites e parâmetros de aplicação no Direito Civil. 2019. 182 f. Dissertação (Mestrado – Direito) - Universidade do Estado do Rio de Janeiro, Rio de Janeiro, 2019, p. 146.

[390] MOTA PINTO, Paulo. **Declaração Tácita e Comportamento Concludente no Negócio Jurídico**. Coimbra: Almedina, 1995, p. 126.

[391] CAVALCANTI, José Paulo. **Da Renúncia no Direito Civil**. Rio de Janeiro: Forense, 1958, p. 16.

[392] PONTES DE MIRANDA, Francisco Cavalcanti. **Tratado de Direito Privado**, t. III. São Paulo: Borsoi, 1970, § 249, p. 58.

[393] VAZ, Marcela Campinho. **Renúncia de Direitos**: limites e parâmetros de aplicação no Direito Civil. 2019. 182 f. Dissertação (Mestrado – Direito) - Universidade do Estado do Rio de Janeiro, Rio de Janeiro, 2019, p. 137.

Desse modo, se o credor que recebe seus alugueres sempre com dois dias de atraso tinha ciência do seu direito de cobrar a multa por atraso e recebeu os pagamentos sem protesto (com a clara intenção de renunciar à cobrança da multa), pode-se dizer que eventual cobrança de multa posterior não teria êxito, visto que renunciou a seus direitos[394]. O maior problema é que a intenção de renunciar é de difícil percepção, como todo requisito subjetivo de configuração de um ato ou fato jurídico.

Além desse clássico exemplo que a maioria dos juristas escuta nos bancos da faculdade, há inúmeras outras situações em que eventual renúncia tácita poderia ser caracterizada pelo intérprete. É o caso, por exemplo, do advogado contratado que, por anos, cobra o valor das parcelas fixas de honorários sem a correção prevista contratualmente. Se, ao final da contratação de 20 anos, ele cobrar toda a correção do período, é certo que essa cobrança também não teria êxito[395].

Se não havia, contudo, intenção de abdicar (ou se ela simplesmente não pode ser comprovada pela contraparte através de indícios mínimos), não há como se defender a ocorrência de renúncia, motivo pelo qual o direito terá outras soluções à proteção das legítimas expectativas criadas pelo devedor, o que será objeto de análise nos próximos subtópicos deste livro. Isso porque a renúncia deve ocorrer por meio de declaração de vontade tácita, a qual não necessariamente existirá quando uma parte deixar de exercer seu direito ou pretensão ainda que por um longo período[396]. Nas palavras de Clóvis Beviláqua: "deixar simplesmente de exer-

[394] ALVIM, Agostinho. **Da inexecução das obrigações e suas consequências**. 5ª ed. São Paulo: Saraiva, 1980, p. 162.

[395] O exemplo deriva de julgado do Superior Tribunal de Justiça, em que reconhecida a ocorrência de *supressio* em face da não cobrança de correção monetária ao longo da relação contratual entre cliente e sociedade de advocacia.

[396] VAZ, Marcela Campinho. **Renúncia de Direitos**: limites e parâmetros de aplicação no Direito Civil. 2019. 182 f. Dissertação (Mestrado – Direito) - Universidade do Estado do Rio de Janeiro, Rio de Janeiro, 2019, p. 144; BRASIL. Superior Tribunal de Justiça (3. Turma). **REsp 1202514/RS**. Relatora: Ministra Nancy Andrighi. Julgado em: 21 jun. 2011, DJe: 30 jun. 2011. Disponível em: https://processo.stj.jus.br/processo/revista/documento/mediado/?componente=ITA&sequencial=1072785&num_registro=201001239907&data=20110630&formato=PDF. Acesso em: 01 jul. 2022

cer um direito não importa em renunciá-lo; a renúncia deve deduzir-se de circunstâncias que a pressuponham claramente"[397].

Mas não é só a renúncia que pode ser concretizada de forma tácita no âmbito de uma relação contratual. Também pode ocorrer, por exemplo, de uma determinada disposição contratual ser alterada tacitamente pelas partes, quando há declaração de vontade para tanto. A modificação do negócio jurídico, por mais que atinja as obrigações de apenas uma das partes, depende de consentimento de ambas as partes para se formar validamente, pois a modificação se trata de um ato bilateral, formado por acordo de vontades[398]. Assim, quando a modificação for tácita, ela será um negócio jurídico bilateral, que dependerá da declaração de vontade tácita de ambas as partes do negócio jurídico para se concretizar.

Noutras palavras, independentemente de o negócio jurídico ser unilateral ou bilateral, a declaração de vontade tácita ou ato adeclarativo (caso se possa dela depreender manifestação clara de vontade) poderá preencher o seu suporte fático de constituição[399] e, portanto, poderá se dizer que o negócio ultrapassou o plano da existência, dependendo da análise a respeito de sua validade para ter efeitos, em especial eventuais vícios de consentimento, como dolo, coação, erro, lesão etc.

Diante dessa circunstância de que tanto a renúncia quanto qualquer alteração contratual poderiam ocorrer por meio de declaração de vontade tácita ou ato adeclarativo, ou seja, seria interpretada somente pela conduta ou omissão de uma das partes de um negócio jurídico, a cláusula de *no waiver* terá papel relevante na possibilidade ou não de retirar tais consequências jurídicas das condutas das partes.

Isso porque a cláusula de *no waiver* é a cláusula padrão que aparece corriqueiramente nas disposições finais dos contratos, regrando que nenhuma conduta ou omissão das partes será interpretada como renún-

[397] BEVILAQUA, Clovis. **Código Civil dos Estados Unidos do Brasil Commentado.** 7ª ed. Rio de Janeiro: Francisco Alves, 1947, p. 364.

[398] GHOZI, Alain. **La Modification de L'Obligation par la Volonté des Parties**: étude de Droit Civil français. Paris: LGDJ, 1980, § 410 bis, p. 169.

[399] PONTES DE MIRANDA, Francisco Cavalcanti. **Tratado de Direito Privado.** t. III. São Paulo: Borsoi, 1970, § 249, p. 58.

cia ou afete direito contratual[400]. É justamente previsão contratual na qual as partes, em seu exercício de autonomia privada, estabelecem limites para a possibilidade de configuração de declarações de vontade tácitas.

Como a renúncia, assim como qualquer alteração tácita ao negócio jurídico, decorre exclusivamente da vontade da parte[401] (por mais que demonstrada através de simples conduta/ manifestação e não de declaração expressa), nada mais coerente do que existir a possibilidade de que as partes limitem quais condutas podem ou não constituir suporte fático para sua caracterização de acordo com o previsto na legislação, no âmbito de uma relação contratual. Dessa maneira, parece correto afirmar que é plenamente possível que as partes tenham passado a pactuar de forma corriqueira a cláusula de *no waiver,* justamente para evitar que suas condutas sejam interpretadas como renúncia a direito ou alteração ao negócio jurídico original.

A pactuação da cláusula de *no waiver* será, nesse caso, a forma convencional de se estipular limites à autonomia privada. Em virtude do estabelecimento da cláusula, deverá ser exigida das partes não apenas simples manifestação de vontade ou declaração de vontade tácita para a formação de um negócio jurídico, mas declaração de vontade expressa, muitas vezes por escrito, de que há essa vontade de alteração do negócio ou até mesmo de renunciar um direito contratualmente previsto.

Imagine-se que, ao longo da execução contratual, um locatário sempre efetua os pagamentos dos alugueres sem a devida correção monetária anual do valor, e o locador, os recebendo mensalmente, aceita os pagamentos sem nada reclamar. Por mais que seus comportamentos possam ser indício de manifestação de vontade e serem interpretados como renúncia do direito do locador a receber a correção monetária, caso seja pactuada a cláusula de *no waiver,* o comportamento omissivo do locador não poderá configurar renúncia e, portanto, não importará em extinção de direitos, tendo em vista os limites impostos pelas partes quanto à renúncia de direitos por conduta ou omissão. Isso não quer

[400] NEVES, Julio Gonzaga Andrade. **A suppressio (Verwirkung) no direito Civil**. São Paulo: Almedina, 2016, p. 158.

[401] NEVES, Julio Gonzaga Andrade. **A suppressio (Verwirkung) no direito Civil**. São Paulo: Almedina, 2016, p. 92.

dizer, contudo, que a inclusão da cláusula poderá evitar todo e qualquer tipo de consequência jurídica que possa ser extraída do comportamento das partes[402].

Em conclusão ao ponto, pode-se dizer que assim como a autonomia privada permite a pactuação tácita dos negócios jurídicos, ela também permite que as partes, no exercício de sua autonomia, imponham limites ao fenômeno. Contudo, a declaração de vontade tácita não é a única figura que pode ser extraída do comportamento reiterado das partes e resta, então, questionar se outras causas de vinculação ao comportamento reiterado também poderiam ser afastadas pela cláusula de *no waiver*. Diante disso, o próximo subtópico examinará as relações entre autonomia privada e o princípio da boa-fé objetiva.

2.1.2. Limitação da autonomia privada e a sua relevância para a pactuação da cláusula de *no waiver*: incidência da boa-fé objetiva como norma de ordem pública e consequências à validade dos atos jurídicos

Apesar de ser um princípio de destaque especial no direito dos contratos, a autonomia privada não existe no vácuo. Por óbvio, a sua interrelação com outros princípios do direito contratual impõe limites ao espaço relegado às partes no regramento de suas relações contratuais. Sendo assim, neste tópico serão analisadas: (a) a interrelação entre autonomia privada e ordem pública, assim como (b) a incidência da boa-fé objetiva como norma de ordem pública e requisito indireto para a validade dos atos jurídicos.

2.1.2.1. Autonomia privada e ordem pública

Como mencionado no subtópico anterior, o princípio da autonomia privada, como qualquer princípio, deverá ser ponderado perante outros princípios incidentes nas relações contratuais, havendo certas limitações a seu exercício e a sua atuação no âmbito dos negócios jurídicos. Assim, o princípio da autonomia privada é desbancado quando lhe opõem motivos de interesse geral que afetem condições fundamentais da exis-

402 Essa questão será examinada na próxima seção deste trabalho.

tência e da ordem social[403]. Pode-se dizer que, nas relações negociais, os princípios da autonomia privada, boa-fé[404], confiança e autorresponsabilidade apresentam-se em espécie de interdependência escalonada[405]. Todos esses princípios terão a sua aplicabilidade e, a depender da situação, será dada prioridade a um ou ao outro, em um exercício de ponderação a ser feito pelo julgador do caso concreto.

A ponderação[406] entre tais princípios enuncia um problema histórico do direito – o balanço e o equilíbrio entre heteronomia e autonomia, entre a possibilidade de regulação privada e a limitação feita pela ordem pública. Quem irá encontrar a solução nas situações concretas, determinando qual dos polos dessa díade irá prevalecer, é o intérprete, aplicador do Direito[407], que concretizará o conceito de ordem pública

[403] TAVARES, José. **Os princípios fundamentais do direito civil**, v. I. 2ª ed. Coimbra: Coimbra Editora, 1929, p. 144.

[404] Apenas para fins de esclarecimento, a palavra princípio está sendo utilizada para referir a boa-fé neste tópico, pois utiliza-se do conceito de Humberto Ávila de que princípios "são normas imediatamente finalísticas, primariamente prospectivas e com pretensão de complementariedade e de parcialidade, para cuja aplicação se demanda uma avaliação da correlação entre o estado de coisas a ser promovido e os efeitos decorrentes da conduta havida como necessária à sua promoção" (ÁVILA, Humberto. **Teoria dos Princípios**: da definição à aplicação dos princípios jurídicos. 16ª ed. São Paulo: Malheiros, 2015, p. 102). Não se ignora, contudo, que a boa-fé configura, ao mesmo tempo, princípio e cláusula geral, visto que o enunciado do art. 422, além de reenviar a um valor que exprime (princípio da boa-fé), também consiste em uma estrutura parcialmente em branco as quais serão completadas pelo julgador por meio de recurso a modelos de comportamento e pautas de valoração não descritos na própria cláusula geral. Ocorre que outros artigos do Código Civil também reenviam a esse mesmo princípio, como é o caso do art. 113 e do art. 187 do Código Civil. Para essa noção e distinção, ver: MARTINS-COSTA, Judith. **A Boa-Fé no Direito Privado**: critérios para sua aplicação. 2ª ed. São Paulo: Saraiva, 2018, p. 156-172.

[405] MARTINS-COSTA, Judith. **A Boa-Fé no Direito Privado**: critérios para sua aplicação. 2ª ed. São Paulo: Saraiva, 2018, p. 249.

[406] O modo de aplicação dos princípios não é necessariamente a ponderação, mas, quando se trata de princípios protetivos como liberdade e boa-fé esses podem ser qualificados como carecedores de ponderação, ou seja, do balanceamento concreto entre princípios por meio do qual são realizados em vários graus, inclusive no grau zero, em que se diz que um princípio é totalmente sobreposto ao outro. Ver: ÁVILA, Humberto. **Teoria dos Princípios**: da definição à aplicação dos princípios jurídicos. 16ª ed. São Paulo: Malheiros, 2015, p. 151-155.

[407] MARTINS-COSTA, Judith. **A Boa-Fé no Direito Privado**: critérios para sua aplicação. 2ª ed. São Paulo: Saraiva, 2018, p. 249.

e imporá, se for o caso, limitação à atuação das partes. Basicamente, é saber como a liberdade contratual se compatibiliza com a justiça, visto que muitas vezes é essa primeira que é apontada como a conduzir para uma noção de injustiça social[408].

Os negócios jurídicos são um campo do direito em que historicamente a autonomia prevalece nesse equilíbrio, tendo em vista que as disposições legais aplicáveis a eles têm, em regra, caráter supletivo ou subsidiário, aplicando-se em caso de silêncio ou carência das vontades[409]. É usual, portanto, que prevaleça a vontade dos contratantes, sendo corriqueira a regulação de seus interesses de forma a diferir ou até mesmo divergir da forma já prevista em lei[410].

Sendo assim, pode-se dizer que o campo do direito privado e, especialmente, do direito contratual é "dominado pelo princípio da autonomia da vontade [*rectius*: autonomia privada], segundo o qual os particulares podem fazer os actos e contratos que quiserem, e regular, como melhor lhes aprouver, as consequências jurídicas que das suas operações resultam"[411].

No mesmo sentido, Werner Flume indica a autonomia privada como um dos mais relevantes princípios do ordenamento jurídico alemão, apontando-a como um direito fundamental[412]. O autor privilegia a autodeterminação no âmbito do direito privado, cujo elemento mais importante, em sua concepção, é a liberdade contratual – para ele, a vontade das partes e a sua autodeterminação não poderia, por exemplo, ser analisada sob uma perspectiva de critérios de justiça[413]. Contudo, a evolução

408 CANARIS, Claus Wilhelm. A Liberdade e Justiça Contratual na "Sociedade de Direito Privado". *In*: PINTO MONTEIRO, António (Coord.). **Contratos**: actualidade e evolução. Porto: Universidade Católica Portuguesa, 1997, p. 49-66, p. 49.

409 GOMES, Orlando. **Contratos**. 26ª ed. atual. Antonio Junqueira de Azevedo e Francisco Paulo De Crescenzo Marino. Rio de Janeiro: Forense, 2008, p. 26.

410 GOMES, Orlando. **Contratos**. 26ª ed. atual. Antonio Junqueira de Azevedo e Francisco Paulo De Crescenzo Marino. Rio de Janeiro: Forense, 2008, p. 26.

411 TAVARES, José. **Os princípios fundamentais do direito civil**, v. I. 2ª ed. Coimbra: Coimbra Editora, 1929, p. 143.

412 FLUME, Werner. **Allgemeiner Teil des Bürgerlichen Rechts**. 3ª ed. Berlin: Springer, 1979, Band II, §1,1.

413 FLUME, Werner. **Allgemeiner Teil des Bürgerlichen Rechts**. 3ª ed. Berlin: Springer, 1979, Band II, §1,5-6.

da perspectiva do direito contratual impede que a ordem jurídica admita a liberdade contratual sem colocar a questão da justiça[414].

No direito francês, por exemplo, o *Code Civil* enuncia, em seu artigo 1102, como princípios fundamentais dos contratos, a possibilidade das partes de elegerem seus cocontratantes e deliberarem livremente sobre o conteúdo contratual. Já na frase seguinte, contudo, há a limitação da liberdade contratual na impossibilidade de derrogação de normas de ordem pública. Ou seja, exceto em relação à ordem pública, os contratantes têm a liberdade de regrar suas relações negociais[415]. Essa explicitação do que é ordem pública e da limitação que essa impõe na liberdade contratual foi inserida na reforma do direito das obrigações que entrou em vigor depois de 01 de outubro de 2016, o que demonstra uma intenção do legislador francês de esclarecer sobre a cogência destes dispositivos.

Há também no direito contratual brasileiro, diferenciação relevante entre leis que são coativas e supletivas, visto que algumas leis submetem a seu império a vontade dos particulares e outras só têm de vigorar na ausência de declaração de vontade dos interessados[416]. As leis cogentes (ou coativas), diferentemente das leis de caráter supletivo, ordenam ou proíbem algum ato[417]. Essas leis são, portanto, inderrogáveis pela vontade das partes. Já as leis supletivas apenas incidem subsidiariamente, quando a vontade individual da parte deixa de ser manifestada no negócio jurídico, ou seja, seu campo de ação é o mesmo que é reservado para a autonomia dos particulares[418].

Apesar da maioria das leis que compõem o direito contratual ser de fato supletiva, há também nesse campo do direito leis classificadas

[414] CANARIS, Claus Wilhelm. A Liberdade e Justiça Contratual na "Sociedade de Direito Privado". *In*: PINTO MONTEIRO, António (coord.). **Contratos**: actualidade e evolução. Porto: Universidade Católica Portuguesa, 1997, pp. 49-66, p. 60.

[415] BÉNABENT, Alain. **Droit des Obligations**. 18ª ed. Issy-les-Moulineaux: LGDJ, 2019, p. 43.

[416] BEVILAQUA, Clovis. **Teoria Geral do Direito Civil**. 2ª ed. atual. Caio Mario da Silva Pereira. Rio de Janeiro: Francisco Alves, 1976, p. 19.

[417] GOMES, Orlando. **Contratos**. 26ª ed. Atual. Antonio Junqueira de Azevedo e Francisco Paulo De Crescenzo Marino. Rio de Janeiro: Forense, 2008, p. 26.

[418] BEVILAQUA, Clovis. **Teoria Geral do Direito Civil**. 2ª ed. Atual. Caio Mario da Silva Pereira. Rio de Janeiro: Francisco Alves, 1976, p. 19.

como coativas, justamente por serem indispensáveis e aplicáveis em qualquer regime contratual[419]. Há quem diga, como Canaris, que as leis coativas serão, por conta disso, "um atentado à liberdade contratual", pois a ordem jurídica influenciará, independentemente da vontade das partes, o conteúdo contratual[420].

No entanto, prefere-se entender que lei e vontade atuam de forma interdependente, sendo que, a depender do negócio jurídico, a lei deixará mais ou menos espaço à autonomia da vontade para que regre a eficácia e o conteúdo de um negócio jurídico[421]. Ou seja, na constituição dos negócios jurídicos prevalece a vontade e a autonomia, mas essas só prevalecem dentro dos limites legais[422]. Os princípios ou normas imperativos servirão como forma de proteção contra interesses que são adversos à ordem social e aos princípios cuja observância é essencial a essa ordem – exatamente por isso se diz, quando uma conduta das partes viola essas normas, que fere as leis de ordem pública e bons costumes[423].

É difícil descrever especificamente no que a ordem pública consiste, justamente porque seu conteúdo é indeterminado, cabendo à doutrina e ao juiz integrá-lo e densificá-lo[424]. A vagueza da expressão *ordem pública* parece ser consenso no direito estrangeiro, estando doutrinadores de acordo com a dificuldade de estabelecer seus limites e definições, assim como com sua característica de estar em constante modificação[425].

[419] GOMES, Orlando. **Contratos**. 26. ed. Atual. Antonio Junqueira de Azevedo e Francisco Paulo De Crescenzo Marino. Rio de Janeiro: Forense, 2008, p. 27.

[420] CANARIS, Claus Wilhelm. A Liberdade e Justiça Contratual na "Sociedade de Direito Privado". *In*: PINTO MONTEIRO, António (coord.). **Contratos**: actualidade e evolução. Porto: Universidade Católica Portuguesa, 1997, pp. 49-66, p. 62.

[421] PONTES DE MIRANDA, Francisco Cavalcanti. **Tratado de Direito Privado**, t. III. São Paulo: Borsoi, 1970, § 252.

[422] PONTES DE MIRANDA, Francisco Cavalcanti. **Tratado de Direito Privado**, t. III. São Paulo: Borsoi, 1970, § 253.

[423] GOMES, Orlando. **Contratos**. 26ª ed. atual. Antonio Junqueira de Azevedo e Francisco Paulo De Crescenzo Marino. Rio de Janeiro: Forense, 2008, p. 28.

[424] AGUIAR JÚNIOR, Ruy Rosado de. Arbitragem, os Precedentes e a Ordem Pública. *In*: BRASIL. Superior Tribunal de Justiça. **Doutrina**: edição comemorativa 30 anos do STJ. Brasília, 2019, p. 193-224, p. 202.

[425] HEALY, Thomas H. Théorie Générale de L'Ordre Public. *In*: **Collected Courses of the Hague Academy of International Law**, v. IX. The Hague: Hague Academy, 1925, p. 466.

Tentando-se conceituar o termo, pode-se dizer que a lei de ordem pública dispõe sobre os interesses essenciais do Estado ou da coletividade ou, ainda, fixa as bases jurídicas fundamentais de uma sociedade[426]. Noutras palavras, as leis de ordem pública são as leis que se referem às bases econômicas ou políticas da vida social, às relações sociais que são tão importantes para a sociedade que não se pode deixar seu regime jurídico ao arbítrio das partes[427], como são as normas da organização da propriedade, as normas de capacidade, as normas penais, as normas que repelem ofensas aos bons costumes, entre outras[428].

No mesmo sentido, pode-se dizer também que uma lei é de ordem pública quando ela interessa mais à sociedade do que aos particulares[429]. Exatamente por conta dessas peculiaridades e conceitos abertos é que a ordem pública não é um conceito comum nos países, apesar de, naturalmente, existirem similitudes nos princípios que se consideram pertencentes à essa noção de ordem pública[430]. A sua característica principal em comum é a inderrogabilidade, pois não poderá ser afastada pela vontade dos interessados[431]. No direito civil brasileiro, são apontadas como de ordem pública, por exemplo, as leis sobre direito de família e sobre os direitos dos consumidores[432].

No mesmo sentido, José Tavares descreve a determinação concreta do conceito de ordem pública como "um problema insolúvel" (TAVARES, José. **Os princípios fundamentais do direito civil**. v. I. 2ª ed. Coimbra: Coimbra Editora, 1929, p. 145).

426 GOMES, Orlando. **Contratos.** 26ª ed. atual. Antonio Junqueira de Azevedo e Francisco Paulo De Crescenzo Marino. Rio de Janeiro: Forense, 2008, p. 28.

427 TAVARES, José. **Os princípios fundamentais do direito civil**, v. I. 2ª ed. Coimbra: Coimbra Editora, 1929, p. 145.

428 BEVILAQUA, Clovis. **Teoria Geral do Direito Civil**. 2ª ed. Atual. Caio Mario da Silva Pereira. Rio de Janeiro: Francisco Alves, 1976, p. 19.

429 RIPERT, Georges. Le Régime Démocratique et le Droit Civil Moderne. Paris: LGDJ, 1936, p. 274.

430 HEALY, Thomas H. Théorie Générale de L'Ordre Public. *In*: **Collected Courses of the Hague Academy of International Law**, v. IX. The Hague: Hague Academy, 1925, p. 469.

431 SERPA LOPES, Miguel Maria de. **Comentários à Lei de Introdução ao Código Civil**. v. I. 2ª ed. Rio de Janeiro: Freitas Bastos, 1959, p. 28.

432 AGUIAR JÚNIOR, Ruy Rosado de. Arbitragem, os Precedentes e a Ordem Pública. *In*: BRASIL. Superior Tribunal de Justiça. **Doutrina**: edição comemorativa 30 anos do STJ. Brasília, 2019, p. 193-224, p. 203.

Clóvis Beviláqua define as leis de ordem pública como aquelas que "em um Estado, estabelecem os princípios cuja manutenção se considera indispensável à organização da vida social, segundo os preceitos do direito"[433]. Por conta disso, a definição de ordem pública não é um conceito estático, mas sim dinâmico, pois variará de acordo com as circunstâncias de tempo e de lugar[434].

Isso tudo porque o que é essencial nos dias de hoje poderá não ser essencial daqui vinte anos e o que não é essencial hoje pode passar a ser em cinco ou dez anos. Veja-se a evolução das regras de segurança no trânsito – enquanto vinte anos atrás não havia obrigatoriedade de uso de cinto de segurança, hoje parece absurdo pensar em um contrato de transporte em que as partes derroguem da legislação, permitindo que os passageiros não andem com cinto de segurança nos bancos de passageiro de um ônibus de viagem.

Tal noção é comprovada quando voltamos os olhos ao passado e pensamos na diminuta função que a ordem pública possuía no âmbito do direito contratual do início do século XX, quando a autonomia privada dos contratantes era privilegiada em relação à sua própria proteção, mesmo diante de desigualdades e desequilíbrios que já existiam naquela época[435]. Com o tempo, contudo, a liberdade contratual entra em declínio e se desenvolve uma nova noção de ordem pública visando a proteger certas categorias sociais[436]. Ou seja, a ordem pública passa, ao longo de sua evolução conceitual, de uma noção meramente moral para uma noção social e econômica, mais tendente à intervenção no direito contratual por meio de normas inderrogáveis em virtude de uma certa concepção de interesse geral, de utilidade pública[437].

433 BEVILAQUA, Clovis. **Teoria Geral do Direito Civil.** 2ª ed. atual. Caio Mario da Silva Pereira. Rio de Janeiro: Francisco Alves, 1976, p. 20.

434 AGUIAR JÚNIOR, Ruy Rosado de. Arbitragem, os Precedentes e a Ordem Pública. *In*: BRASIL. Superior Tribunal de Justiça. **Doutrina**: edição comemorativa 30 anos do STJ. Brasília, 2019, p. 193-224, p. 202.

435 GHESTIN, Jacques. L'utile et le juste dans les contrats. **Archives de philosophie du droit**, v. 26, 1981, p. 36-57, p. 38.

436 GHESTIN, Jacques. L'utile et le juste dans les contrats. **Archives de philosophie du droit**, v. 26, 1981, p. 36-57, p. 39.

437 GHESTIN, Jacques. L'utile et le juste dans les contrats. **Archives de philosophie du droit**, v. 26, 1981, p. 36-57, p. 39.

O Código Civil de 2002 é um exemplo disso e continua a ser, apesar das tentativas de retornar ao passado recente feitas pelos legisladores da Lei da Liberdade Econômica. A própria justificativa da edição de um novo Código envolveu não apenas adequar o texto a evoluções científicas, mas também para superar o caráter individualista que imperava na elaboração do diploma anterior, de 1916[438].

Os autores do Código se propuseram a harmonizar o exercício dos direitos individuais às necessidades coletivas[439]. Dois limites à liberdade contratual foram inseridos de forma expressa no novo Código, de modo diverso ao que era proposto no século XX: a função social do contrato e a boa-fé objetiva[440], ambos pertencentes, portanto, à atual ordem pública brasileira[441].

Toda a lei de ordem pública será imperativa, justamente por proteger esses interesses considerados essenciais à ordem jurídica[442]. A outra face da moeda, contudo, não é verdadeira, pois nem todas as leis cogentes constituem o que é chamado de ordem pública – nem sempre uma lei cogente protegerá interesses da ordem social, mas sim poderá proteger interesses privados e, por conta disso, apesar de ser imperativa, não será qualificada como "de ordem pública"[443].

[438] ZANETTI, Cristiano de Sousa. **Direito Contratual Contemporâneo**: a liberdade contratual e sua fragmentação. São Paulo: Método, 2008, p. 193.

[439] ZANETTI, Cristiano de Sousa. **Direito Contratual Contemporâneo**: a liberdade contratual e sua fragmentação. São Paulo: Método, 2008, p. 194.

[440] ZANETTI, Cristiano de Sousa. **Direito Contratual Contemporâneo**: a liberdade contratual e sua fragmentação. São Paulo: Método, 2008, p. 196.

[441] O uso da boa-fé na ordem pública brasileira mostra-se extremamente semelhante ao uso dado para a doutrina no âmbito do direito alemão. Aliás, Jan Peter Schmidt descreve de maneira aprofundada a influência do direito alemão no desenvolvimento do princípio no direito brasileiro e como essa matéria não se soma as demais que carregam notas jus-culturais específicas. Ver: SCHMIDT, Jan Peter. Die Rezeption Deutschen Rechtsdekens in Brasilien am Beispiel der Lehre von Treu und Glauben. *In*: GRUNDMAN, Stefan *et al.* **Schrifen zum Portugiesichen um Lusophonen Recht**. Band 6. Baden Baden: Nomos, 2014, p. 192-212.

[442] GOMES, Orlando. **Contratos**. 26ª ed. atual. Antonio Junqueira de Azevedo e Francisco Paulo De Crescenzo Marino. Rio de Janeiro: Forense, 2008, p. 29.

[443] GOMES, Orlando. **Contratos**. 26ª ed. atual. Antonio Junqueira de Azevedo e Francisco Paulo De Crescenzo Marino. Rio de Janeiro: Forense, 2008, p. 29.

2.1.2.2. A boa-fé como limite à validade da cláusula de *no waiver*

O princípio da boa-fé objetiva, apontado como um exemplo clássico de limitação à liberdade contratual[444], enquadra-se como um princípio parte da ordem pública, aplicável a toda e qualquer relação contratual, "independentemente da existência de debilidade ou hipossuficiência por parte de um dos contratantes ou do desequilíbrio entre os polos da relação"[445]. Noutras palavras, significa dizer que os efeitos derivados da positivação da boa-fé objetiva em três artigos do Código Civil (113, 187 e 422), emanam independentemente da vontade e da atuação das partes[446]. Essa tripartição da boa-fé objetiva no Código Civil pode ser categorizada como: (i) a influência da boa-fé na interpretação dos negócios jurídicos (art. 113); (ii) no exercício de direitos (art. 187); e, por fim, (iii) como norma de conduta imposta aos contratantes (art. 422)[447].

Como princípio, a boa-fé objetiva será alvo de ponderação com a autonomia privada, não se aplicando, portanto, igualmente a todas as classes de contratos[448]. Contudo, como parte da ordem pública, sua incidência nas relações contratuais é inderrogável e inafastável pelas partes, podendo ser inclusive reconhecido de ofício pelo juiz[449]. Sendo assim, pode-se dizer que a boa-fé pode limitar ou afastar disposições contratuais restritivas caso haja ofensa a ela, visto que consubstancia norma de ordem pública[450].

444 ZANETTI, Cristiano de Sousa. **Direito Contratual Contemporâneo**: a liberdade contratual e sua fragmentação. São Paulo: Método, 2008, p. 195.

445 GOMES, Orlando. **Contratos**. 26ª ed. atual. Antonio Junqueira de Azevedo e Francisco Paulo De Crescenzo Marino. Rio de Janeiro: Forense, 2008, p. 41.

446 NEVES, Julio Gonzaga Andrade. **A suppressio (Verwirkung) no direito Civil**. São Paulo: Almedina, 2016, p. 70-71.

447 NEGREIROS, Teresa. **Teoria dos Contratos**: novos paradigmas. 2ª ed. Rio de Janeiro: Renovar, 2006, p. 131.

448 GOMES, Orlando. **Contratos**. 26ª ed. atual. Antonio Junqueira de Azevedo e Francisco Paulo De Crescenzo Marino. Rio de Janeiro: Forense, 2008, p. 46.

449 AGUIAR JÚNIOR, Ruy Rosado de. Arbitragem, os Precedentes e a Ordem Pública. *In*: BRASIL. Superior Tribunal de Justiça. **Doutrina**: edição comemorativa 30 anos do STJ. Brasília, 2019, p. 193-224, p. 204.

450 MARTINS-COSTA, Judith. Os Regimes do Dolo no Direito Brasileiro: dolo antecedente, vício informativo por omissão e por comissão, dolo acidental e dever de indenizar. **Revista dos Tribunais**, v. 923, p. 115-143, set. 2012, p. 139.

Nesse sentido, esse princípio é visto como um limite ao exercício da liberdade de contratar e do direito subjetivo, visto que atua na correção do conteúdo contratual. Como de praxe, parte-se da liberdade no âmbito dos negócios jurídicos, mas deve se observar, no exercício dela, figuras como boa-fé e abuso de direito[451]. O abuso de direito, na mesma esteira da boa-fé, "condiciona o exercício de qualquer direito à observância dos limites impostos pelo respectivo fim econômico e social, pela boa-fé e pelos bons costumes"[452].

Cabe mencionar que a referência às duas figuras (boa-fé e abuso de direito) é essencial para caracterizar essa via de equidade que permite um ajuste do negócio jurídico a um senso de justiça quando do exercício de direitos, pois essa vem se construindo na história do direito pela via dupla da boa-fé e do abuso de direito – figuras que, no direito brasileiro, fundiram-se parcialmente, até mesmo na redação do Código Civil que, em seu artigo 187, cria uma intersecção entre as duas figuras[453]. O abuso de direito dispõe sobre o exercício anormal de direito próprio, em termos reprovados pela lei, configurando essa atuação como ato ilícito[454]. Pode-se dizer que o abuso de direito ocorre quando o titular de determinado direito o exerce excedendo manifestamente os limites impostos pelo seu fim econômico ou social, pela boa-fé ou pelos bons costumes[455].

A boa-fé, por outro lado, atua diretamente e solitariamente nos deveres anexos e na interpretação, previstos nos artigos 422 e 113 do Código Civil, mas sobrepõe-se ao abuso de direito quando esse "cogita da ilicitude com base em desvios de uma conduta concretamente concebida reta e proba"[456]. Dessa forma, a boa-fé estabelece um padrão de compor-

[451] MENEZES CORDEIRO, António Manuel da Rocha e. **Da Boa-fé no Direito Civil**. Coimbra: Almedina, 2014, p. 875.

[452] ZANETTI, Cristiano de Sousa. **Direito Contratual Contemporâneo**: a liberdade contratual e sua fragmentação. São Paulo: Método, 2008, p. 195.

[453] NEVES, Julio Gonzaga Andrade. **A suppressio (Verwirkung) no direito Civil**. São Paulo: Almedina, 2016, p. 31.

[454] MELO, Diogo Leonardo Machado de. Arts. 186 a 188. *In*: NANNI, Giovani Ettore (org.). **Comentários ao Código Civil**: Direito Privado Contemporâneo. São Paulo: Saraiva, 2021, p. 194-204, p. 201.

[455] AMARAL, Francisco. **Direito Civil**: introdução. 8ª ed. Rio de Janeiro: Renovar, 2014, p. 580.

[456] NEVES, Julio Gonzaga Andrade. **A suppressio (Verwirkung) no direito Civil**. São Paulo: Almedina, 2016, p. 40.

tamento, sendo o dever de cada parte agir de forma a não violar a confiança de sua contraparte[457].

Em relação à cogência da boa-fé objetiva, essa pode se verificar justamente porque sua eficácia passa longe da vontade das partes – o negócio jurídico deve ser interpretado de acordo com a boa-fé porque a lei assim o exige, não porque o devedor suscita a matéria; os direitos devem ser exercidos conforme a boa-fé porque o ordenamento assim prevê e não porque a contraparte faz uso de uma pretensão corretiva; a cooperação e lealdade são deveres anexos porque assim o exige a boa-fé e não porque foi pactuado algo nesse sentido[458]. Logo, por mais que boa-fé e ordem pública sejam conceitos distintos, o conteúdo da ordem pública abarca as regras sediadas na boa-fé quando essas assumem relevância que impõe a sua inderrogabilidade[459].

Pode-se cogitar, assim, da nulidade de uma cláusula contratual que determine que as declarações das partes não serão interpretadas de acordo com a boa-fé ou ainda que ficam chancelados os comportamentos desleais contrários à boa-fé, conforme previsão do artigo 166, II, do Código Civil[460]. Nesse caso, o objeto do negócio contido na cláusula será ilícito, seja por fazer aquilo que a lei proíbe ou por não fazer o que a lei impõe[461] e, portanto, o negócio será nulo. Nesse sentido, defende o professor Miguel Reale que "quando o Art. 104 dispõe sobre a validade do negócio jurídico, referindo-se ao objeto lícito, neste está implícita a sua configuração conforme à boa-fé, devendo ser declarado ilícito todo ou parte do objeto que com ela conflite"[462].

[457] MELO, Diogo Leonardo Machado de. Arts. 186 a 188. *In*: NANNI, Giovani Ettore (org.) **Comentários ao Código Civil**: Direito Privado Contemporâneo. São Paulo: Saraiva, 2021, p. 194-204, p. 201.

[458] NEVES, Julio Gonzaga Andrade. **A suppressio (Verwirkung) no direito Civil**. São Paulo: Almedina, 2016, p. 71.

[459] MENEZES CORDEIRO, Antônio Manuel da Rocha e. **Da Boa-fé no Direito Civil**. Coimbra: Almedina, 2014, p. 1224

[460] NEVES, Julio Gonzaga Andrade. **A suppressio (Verwirkung) no direito Civil**. São Paulo: Almedina, 2016, p. 71.

[461] MELLO, Marcos Bernardes de. **Teoria do Fato Jurídico**: plano da validade. 15ª ed. São Paulo: Saraiva, 2019, p. 136.

[462] REALE, Miguel. A boa-fé no Código Civil. **Miguel Reale**, [*S. l.*], 16 ago. 2003. Disponível em: http://www.miguelreale.com.br/index.html. Acesso em: 19 abr. 2022.

Muito embora essa previsão comine de nulidade o negócio com objeto ilícito, pode-se dizer que o princípio da boa-fé objetiva não age diretamente no plano da validade[463] dos atos jurídicos, visto que não se caracteriza como uma das hipóteses taxativas de nulidade ou anulabilidade previstas no Código Civil[464]. Apesar disso, o princípio poderá atuar indiretamente como norma de validade, visto que o art. 166, VII prevê essa possibilidade quando há violação de norma cogente sem que a própria norma não preveja outra sanção[465-466].

Em sendo a boa-fé parte da ordem pública e, portanto, lei imperativa e inderrogável pelas partes, há como se cogitar a sua atuação como norma de validade por essa via indireta do inciso VI do art. 166 do Código Civil, visto que essa disposição comina com a sanção da nulidade qualquer negócio jurídico que contrarie lei imperativa. Aliás, a contrariedade à ordem pública tornou-se tão relevante quando da edição do Código Civil de 2002 que até mesmo nas suas disposições transitórias se inclui regra para que as convenções anteriores ao Código que a violassem não pudessem prevalecer[467]. Tal regra, contudo, por sua localização no texto legal, aplica-se somente como disposição transitória, devendo

[463] A título de comparação jurídica, é relevante destacar que a tripartição dos planos do negócio jurídico foi criação de Pontes de Miranda no Tratado de Direito Privado, a qual não possuía, à época, qualquer correspondência no direito alemão, em que não se diferencia entre o negócio nulo e o negócio inexistente, mas apenas entre negócio nulo e ineficaz. Atualmente, apesar de haver sistematizações nesse sentido no direito alemão, fato é que este não é o esquema dominante. Para uma perspectiva histórica e comparada dos planos do negócio jurídico, ver: SCHMIDT, Jan Peter. Vida e obra de Pontes de Miranda a partir de uma perspectiva alemã – Com especial referência à tricotomia "existência, validade e eficácia do negócio jurídico". **Revista Fórum de Direito Civil**, v. 3, n. 5, p. 135-158, jan./abr. 2014.

[464] MARTINS-COSTA, Judith. **A Boa-Fé no Direito Privado**: critérios para sua aplicação. 2ª ed. São Paulo: Saraiva, 2018, p. 636.

[465] MARTINS-COSTA, Judith. **A Boa-Fé no Direito Privado**: critérios para sua aplicação. 2ª ed. São Paulo: Saraiva, 2018, p. 634.

[466] Importante reforçar que se trata, aqui, de contrariedade à boa-fé objetiva (e não à boa-fé subjetiva). Há quem cogite também da boa-fé subjetiva (e consequentemente a má-fé) como norma de anulabilidade do negócio jurídico. (MELLO, Marcos Bernardes de. **Teoria do Fato Jurídico**: plano da validade. 15ª ed. São Paulo: Saraiva, 2019, p. 131-134).

[467] Código Civil, Art. 2.035: Parágrafo único. "Nenhuma convenção prevalecerá se contrariar preceitos de ordem pública, tais como os estabelecidos por este Código para assegurar a função social da propriedade e dos contratos" (BRASIL. **Lei nº 10.406, de 10 de janeiro**

as partes lançar mão do art. 166 quando questionarem a validade de um negócio jurídico que desrespeita a ordem pública e, portanto, as regras cogentes.

Resta observar se a cláusula objeto deste livro, a cláusula de *no waiver*, seria afetada por essa atuação da boa-fé como norma de validade ou se eventual limitação à disposição ocorreria somente no plano da eficácia. Como já se mencionou, a redação mais comum desse tipo de cláusula prevê que nenhum comportamento da parte será interpretado como renúncia tácita ou impedirá o exercício de seus direitos contratuais.

Portanto não há, em abstrato, uma contrariedade à boa-fé objetiva na pactuação da cláusula de *no waiver*. Haveria contrariedade se fosse incluído um aposto como "mesmo que em sentido contrário ou violação à boa-fé objetiva", momento em que tal porção poderia ser sancionada com a invalidade parcial por não fazer aquilo que a lei impõe; isto é, interpretar os negócios jurídicos de acordo com a boa-fé. Isso ocorrerá por conta da previsão do art. 184 do Código Civil, o qual prevê que: "Respeitada a intenção das partes, a invalidade parcial de um negócio jurídico não o prejudicará na parte válida, se esta for separável; a invalidade da obrigação principal implica a das obrigações acessórias, mas a destas não induz a da obrigação principal"[468].

Ainda, no âmbito do campo específico da interpretação contratual, a boa-fé objetiva é um princípio que norteia toda interpretação contratual, não podendo ser perdida de vista durante o processo interpretativo[469]. A atuação da boa-fé como cânone hermenêutico raramente é isolada, portanto importando em conjugar com outros parâmetros inter-

de 2002. Institui o Código Civil. Brasília, DF: Presidência da República, [2002]. Disponível em: http://www.planalto.gov.br/ccivil_03/leis/2002/l10406.htm. Acesso em: 23 jun. 2022)

[468] BRASIL. **Lei nº 10.406, de 10 de janeiro de 2002.** Institui o Código Civil. Brasília, DF: Presidência da República, [2002]. Disponível em: http://www.planalto.gov.br/ccivil_03/leis/2002/l10406.htm. Acesso em: 23 jun. 2022.

[469] FERREIRA DA SILVA, Luis Renato. A Interpretação contratual e a sua sistemática no Código Civil de 2002 após o advento da lei 13.874/2019. *In*: BARBOSA, Henrique; FERREIRA DA SILVA, Jorge Cesa. **A Evolução do Direito Empresarial e Obrigacional:** 18 anos do Código Civil, v. II. São Paulo: Quartier Latin, 2021, pp. 397-415, p. 414.

pretativos para que se alcance, no caso concreto, o que corresponde ao significado de acordo com a boa-fé[470].

Em verdade, interpretar segundo ou de acordo com a boa-fé objetiva importa na aplicação dos mais variados parâmetros interpretativos (todos sob a diretriz comum de viabilizar a interpretação contratual de acordo com a boa-fé), como é o caso da valoração da conduta das partes no curso do processo obrigacional, isto é, o critério interpretativo comportamento das partes, seja este anterior ou posterior[471]. Aliás, o comportamento posterior é de tanta relevância que foi incluído como regra de interpretação à parte, logo no primeiro inciso do § 1º do art. 113.

Em vista disso, pode-se dizer que o comportamento das partes se divide em três distintas influências no âmbito contratual: (i) pode alterar as disposições contratuais, por meio de modificação ou renúncia tácita; (ii) pode servir de critério interpretativo; (iii) pode servir como motivação para a correção do conteúdo contratual, de acordo com a boa-fé. No caso da cláusula de *no waiver*, todas essas três influências entram em questão, podendo-se questionar a sua eficácia em cada uma dessas circunstâncias. Na seção anterior, já se consolidou que, por se tratar de exercício da autonomia, as modificações contratuais poderiam ser afetadas pela previsão da cláusula de *no waiver*. Contudo, o mesmo não se aplicará ao comportamento como critério interpretativo ou como corretor da conduta das partes.

Em relação às regras de interpretação, como se sabe, o novo parágrafo segundo do artigo 113 do Código Civil dispõe expressamente que "As partes poderão livremente pactuar regras de interpretação, de preenchimento de lacunas e de integração dos negócios jurídicos diversas daquelas previstas em lei"[472]. Contudo, apesar da concepção generalizada de que a inclusão desta regra viria a permitir que as partes modifiquem a integralidade da disciplina de interpretação presente no Código Civil (o que parece ser inclusive a intenção do legislador da Lei

[470] MARTINS-COSTA, Judith. **A Boa-Fé no Direito Privado**: critérios para sua aplicação. 2ª ed. São Paulo: Saraiva, 2018, p. 488.

[471] MARTINS-COSTA, Judith. **A Boa-Fé no Direito Privado**: critérios para sua aplicação. 2ª ed. São Paulo: Saraiva, 2018, p. 510-511.

[472] BRASIL. **Lei nº 10.406, de 10 de janeiro de 2002.** Institui o Código Civil. Brasília, DF: Presidência da República, [2002]. Disponível em: http://www.planalto.gov.br/ccivil_03/leis/2002/l10406.htm. Acesso em: 23 jun. 2022.

da Liberdade Econômica, pelo que consta na Exposição de Motivos[473]), o parágrafo menciona a possibilidade de alteração de *regras* de interpretação pelas partes, não derrogação de princípios como é o caso da boa-fé[474].

A disposição do parágrafo 2º do art. 113 do Código Civil colide com a classificação apresentada por Pontes de Miranda, a qual diferencia entre regras de interpretação e regras interpretativas; as primeiras, operatórias e cogentes, conduzindo o intérprete e impondo diretrizes; as segundas, subsidiárias e completantes, essas sim dispositivas[475]. Entretanto, o que se pode extrair é que, independentemente da classificação, o princípio da boa-fé é cogente no que tange à interpretação contratual, seja pela regra do § 2º não incluir a possibilidade de derrogação de princípios, seja pela própria natureza cogente da norma imposta pelo *caput* do art. 113.

Sendo assim, entende-se que, apesar da modificação legislativa, continua impossível se cogitar da derrogação da boa-fé como cânone hermenêutico do Código Civil, tendo em vista se tratar de princípio cogente que deve, em qualquer hipótese, guiar a atividade do intérprete. Afastar a interpretação em observância à boa-fé seria afastar-se "dos padrões objetivos de correção e conduta que devem estar presentes no âmbito do tráfego negocial"[476]. Considerando isso, as partes não poderiam, através de disposição contratual, excluir a aplicação da boa-fé como critério de interpretação. Isso se aplica ao comportamento posterior quando esse puder ser remetido ao princípio da boa-fé.

[473] BRASIL. Ministério da Justiça. **Exposição de Motivos nº 00083/2019**. Brasília, DF: Presidência da República, [2019]. Disponível em: https://www2.camara.leg.br/legin/fed/medpro/2019/medidaprovisoria-881-30-abril-2019-788037-exposicaodemotivos-157846-pe.html. Acesso em: 08 mar. 2022.

[474] FERREIRA DA SILVA, Luis Renato. A Interpretação contratual e a sua sistemática no Código Civil de 2002 após o advento da lei 13.874/2019. *In*: BARBOSA, Henrique; FERREIRA DA SILVA, Jorge Cesa. **A Evolução do Direito Empresarial e Obrigacional:** 18 anos do Código Civil, v. II. São Paulo: Quartier Latin, 2021, pp. 397-415, p. 414.

[475] PONTES DE MIRANDA, Francisco Cavalcanti. **Tratado de Direito Privado**, Tomo I. São Paulo: Revista dos Tribunais, 1977, §18.

[476] MENKE, Fabiano. Arts. 104 a 185. *In*: NANNI, Giovani Ettore (org.). **Comentários ao Código Civil**: Direito Privado Contemporâneo. São Paulo: Saraiva, 2021, p. 205-248, p. 128.

Ou seja, quando o desvio da interpretação de acordo com o comportamento posterior das partes colidir com a conduta esperada dessas em virtude da incidência da boa-fé objetiva, não se poderá derrogar dessa regra de interpretação. Todavia, em regra, por ser o comportamento posterior mera regra de interpretação, as partes poderão dela derrogar. Assim, essas limitações não significam que a cláusula de *no waiver* será inválida ou desprovida de eficácia, pois, em sentido oposto, permanece possível às partes regrar *como* o seu comportamento posterior influenciará na interpretação, apesar de não ser possível derrogar de sua aplicação como um todo. Esse será precisamente o efeito da pactuação da cláusula de *no waiver*, como antes delineado.

Diferentemente, cogitar que tal cláusula poderia vir a permitir condutas desleais e contraditórias a depender do caso concreto é cogitar da aplicação do art. 187 do Código Civil, por abuso do direito contratual da parte que pretende exercê-lo apesar de sua conduta ter criado expectativa oposta em sua contraparte. Aqui, em sentido contrário da ilicitude do objeto ou da fraude à lei em que há ilicitude no exercício da autonomia negocial, há conduta no exercício de faculdades lícitas, extravasando seus limites[477].

Ao contrário de outras normas que remetem ao princípio da boa-fé objetiva, a legislação civil comina sanção específica para a violação do art. 187, pois ao caracterizar a conduta equiparada a ato ilícito, faz com que ela se albergue dentro da responsabilização civil, cuja sanção mais corriqueira será a indenização[478]. Sendo assim, pelo raciocínio estabelecido acima, não poderia se cominar de nulidade uma conduta para a qual a legislação já estabelece outra sanção, visto que a nulidade só pode ser deduzida de prática proibida na lei sem cominação de sanção, conforme o previsto no artigo 166, VII, do Código Civil.

O exercício de direitos contrário à boa-fé será ilícito por si só, mas a sanção cominada pela legislação não será a invalidade, mas sim o desmuniciamento, a ineficácia do direito do ofensor e de sua eventual pre-

[477] MELLO, Marcos Bernardes de. **Teoria do Fato Jurídico**: plano da validade. 15ª ed. São Paulo: Saraiva, 2019, p. 149.

[478] MARTINS-COSTA, Judith. **A Boa-Fé no Direito Privado**: critérios para sua aplicação. 2ª ed. São Paulo: Saraiva, 2018, p. 635.

tensão à indenização por perdas e danos decorrentes do ato ilícito[479]. As consequências variarão de acordo com a necessidade e o direito subjetivo envolvido, podendo compreender a neutralização dos efeitos dos atos abusivos, sua prevenção por meio de ordens de que cesse o ato ou omissão ou até mesmo indenizações[480].

Aliás, artigo 187 do Código Civil prevê expressamente que o exercício de direito de forma a contrariar a boa-fé objetiva configura ato ilícito, e não, em sentido oposto, que esse exercício faculta a recusa ao devedor[481]. A existência dessa previsão legal nesses termos demonstra que a ilicitude da conduta contraditória à boa-fé é de *per se*, não dependendo de oposição da contraparte. Contudo, isso não significa que o julgador poderá *ex ofício* limitar o direito da parte que age em contradição, visto que ainda persiste a necessidade de objeção da contraparte.

O ato ilícito é o ato contrário ao direito[482] - é a resposta do direito ao que não se pode fazer. Assim, o ato ilícito pertence ao mundo do direito, mas é antijurídico[483]. Por outro lado, secundariamente à ilicitude, a lei dá direito ao ofendido de objetar ou pedir reparação[484]. Por conta disso, o abuso de direito (e mais especificamente a *suppressio*) pode ser classificado como uma exceção de direito material em sentido amplo, visto que não necessita da vontade e objeção do ofendido para se concretizar, mas

[479] NEVES, Julio Gonzaga Andrade. **A suppressio (Verwirkung) no direito Civil**. São Paulo: Almedina, 2016, p. 70-71.

[480] MELO, Diogo Leonardo Machado de. Arts. 186 a 188. *In*: NANNI, Giovani Ettore (org.). **Comentários ao Código Civil**: Direito Privado Contemporâneo. São Paulo: Saraiva, 2021, p. 194-204, p. 202.

[481] NEVES, Julio Gonzaga Andrade. **A suppressio (Verwirkung) no direito Civil**. São Paulo: Almedina, 2016, p. 71.

[482] MARTINS-COSTA, Judith. A linguagem da responsabilidade civil. *In*: BIANCHI, José Flávio; MENDONÇA PINHEIRO. Rodrigo Gomes de; ARRUDA ALVIM, Teresa (coords.). **Jurisdição e Direito Privado**: Estudos em homenagem aos 20 anos da Ministra Nancy Andrighi no STJ. São Paulo: Revista dos Tribunais, 2020, p. 389-418, p. 396.

[483] MARTINS-COSTA, Judith. A linguagem da responsabilidade civil. *In*: BIANCHI, José Flávio; MENDONÇA PINHEIRO. Rodrigo Gomes de; ARRUDA ALVIM, Teresa (coords.). **Jurisdição e Direito Privado**: Estudos em homenagem aos 20 anos da Ministra Nancy Andrighi no STJ. São Paulo: Revista dos Tribunais, 2020, p. 389-418, p. 396.

[484] NEVES, Julio Gonzaga Andrade. **A suppressio (Verwirkung) no direito Civil**. São Paulo: Almedina, 2016, p. 72.

dá ao ofendido essa possibilidade, secundária à configuração do ato ilícito, de objetar ao comportamento do ofensor[485].

O campo de atuação dessa proibição e da exceção será o plano da eficácia, motivo pelo qual, na perspectiva do abuso de direito, pode se confirmar a validade da cláusula de *no waiver*, mas sua eficácia deverá, caso a caso, passar pelo filtro da licitude do exercício do direito contratual que se pretende exercer por conta da existência da previsão, a fim de identificar eventual abuso de direito ou contraditoriedade desleal que possa vir a impedir o uso de tal prerrogativa contratual.

2.2. A função corretora da boa-fé objetiva e as limitações à cláusula de *no waiver*

Visto como a boa-fé objetiva faz parte da ordem pública brasileira e, portanto, é regra de aplicação cogente a toda relação contratual, o objeto desta segunda seção da segunda parte será justamente examinar a função corretora da boa-fé, a qual é comumente apontada como afetada pela cláusula de *no waiver*, por conta de a disposição prever a exclusão de conclusões a serem tiradas do comportamento das partes. Dessa forma, o objeto desta última seção será justamente (i) examinar essa função de correção das condutas das partes no exercício de direitos e, por fim, (ii) as limitações impostas à cláusula de *no waiver*.

2.2.1. A função corretora da boa-fé objetiva e a figura parcelar da *suppressio*

Como mencionado no tópico anterior, o abuso de direito atuará no plano da eficácia, impondo limites ao exercício de direitos e, consequentemente, à autonomia das partes[486]. Exatamente por isso o encontro entre boa-fé e abuso de direito quando reputado ilícito o exercício de direito de forma contrária à boa-fé é caracterizado como uma faceta da função corretora da boa-fé objetiva. Nas palavras do doutrinador português Fernando Cunha de Sá, a boa-fé "implica, preceptivamente, comportamentos por comissão ou por omissão que delimitam o conteúdo

[485] NEVES, Julio Gonzaga Andrade. **A suppressio (Verwirkung) no direito Civil**. São Paulo: Almedina, 2016, p. 72.

[486] MARTINS, Pedro Baptista. **O Abuso do Direito e o Ato Ilícito**. Rio de Janeiro: Forense, 1997, p. 42

dos direitos subjectivos e que, assim, assumem especial relevo quanto à legitimidade ou ilegitimidade do agir"[487].

A função corretora da boa-fé objetiva é uma de suas mais presentes funções, visto que a função primordial do princípio é justamente direcionar e corrigir condutas no âmbito do tráfico social – essa servirá realmente para "corrigir" condutas no exercício de direitos, faculdades, pretensões, ações, exceções e ônus[488]. Com base nisso, a função corretora da boa-fé objetiva pode ser encarada em duas diferentes perspectivas: (i) a correção do exercício jurídico, em vista dos padrões de licitude (art. 187, Código Civil); e (ii) a correção do conteúdo contratual[489].

Nesse momento interessa a primeira perspectiva, a qual servirá para impedir o exercício manifestamente desleal, incoerente, imoderado ou irregular dos direitos subjetivos, formativos, faculdades e demais posições jurídicas[490]. É nessa primeira perspectiva que se pode cogitar de uma possível ineficácia da cláusula de *no waiver* por estar a parte contratante abusando de uma prerrogativa contratual de forma contraditória e desleal. A cláusula, por outro lado, também poderá atingir o conteúdo do contrato, na perspectiva de que as condutas das partes não serão fonte de eventuais modificações tácitas da relação contratual, como mencionado nas seções anteriores.

Como esse tipo de cláusula contratual descreve que omissões da parte não poderão ser utilizadas para interpretar a renúncia ou impedir que a parte exerça seu direito contratualmente previsto, a contradição mais evidente está na figura parcelar da função corretora da boa-fé objetiva chamada de *suppressio*. A *suppressio* pode ser definida como: "[...] a suspensão da eficácia de um direito que surge quando o titular de um direito exequível deixa de exercê-lo durante um longo período e, com

[487] CUNHA DE SÁ, Fernando Augusto. **Abuso de Direito**. Lisboa: Ministério das Finanças, 1973, p. 172-173.

[488] MARTINS-COSTA, Judith. **A Boa-Fé no Direito Privado**: critérios para sua aplicação. 2ª ed. São Paulo: Saraiva, 2018, p. 625.

[489] MARTINS-COSTA, Judith. **A Boa-Fé no Direito Privado**: critérios para sua aplicação. 2ª ed. São Paulo: Saraiva, 2018, p. 625.

[490] MARTINS-COSTA, Judith. **A Boa-Fé no Direito Privado**: critérios para sua aplicação. 2ª ed. São Paulo: Saraiva, 2018, p. 625.

isso, cria, no devedor, a legítima e concretamente exteriorizada expectativa de que não mais irá exercê-la[491]."

Trata-se de espécie muito particular de comportamento deslealmente contraditório, em que o súbito exercício de um direito configura uma contradição diante da falta do seu exercício pelo seu titular por um período prolongado (falta essa que é criadora de uma legítima expectativa na contraparte)[492]. Isso igualmente se aplicará, por exemplo, ao exercício da exceção de prescrição. Se a parte não fizer uso da exceção por um longo período, há quem defenda que a *suppressio* possa inibir a parte de lançar mão dessa defesa material, consequentemente dando força executória à pretensão prescrita[493].

Relembrando a distinção feita acima, tal instituto não pode ser confundido com a renúncia tácita, visto que a renúncia se configura a partir de declaração de vontade, de exercício da autonomia, enquanto a *suppressio* não exige qualquer declaração de vontade ou intenção da parte que exerce o ato omissivo de deixar de exercer o direito[494]. Por mais que as duas figuras, analisadas as condutas fáticas que as caracterizam de modo funcional, possam ser semelhantes, uma exige intenção da parte que age enquanto a outra exige criação de legítimas expectativas na contraparte.

[491] ÁVILA, Humberto. Suppressio – Limitação de direito por exercício tardio: definição e requisitos de aplicação. *In*: BENETTI, Giovana *et al.* (orgs.). **Direito, Cultura, Método**: leituras da obra de Judith Martins-Costa. Rio de Janeiro: GZ, 2019, p. 323-333, p. 325.

[492] ÁVILA, Humberto. Suppressio – Limitação de direito por exercício tardio: definição e requisitos de aplicação. *In*: BENETTI, Giovana *et al.* (orgs.). **Direito, Cultura, Método**: leituras da obra de Judith Martins-Costa. Rio de Janeiro: GZ, 2019, p. 323-333, p. 325.

[493] BORDA, Alejandro. **La Teoria de Los Actos Proprios**. Buenos Aires: Abeledo Perrot, 2000, p. 49. No Brasil, a possibilidade de reconhecimento de ofício da prescrição (art. 487, II, CPC) tende a alterar essa perspectiva, muito embora não altera a natureza de exceção da prescrição. Ver: SCALCO, Gabriela Barcellos; PASQUALOTTO, Victória Franco. O Decurso do Tempo no Direito Privado: Prescrição e Decadência. *In*: ODY, Lisiane Feiten Wingert. **Direito Comparado Alemanha-Brasil**: temas de direito privado em estudos originais e traduzidos, v. II. Porto Alegre: Faculdade de Direito da UFRGS, 2022, pp. 195-221.

[494] ÁVILA, Humberto. Suppressio – Limitação de direito por exercício tardio: definição e requisitos de aplicação. *In*: BENETTI, Giovana *et al.* (Orgs.). **Direito, Cultura, Método**: leituras da obra de Judith Martins-Costa. Rio de Janeiro: GZ, 2019, p. 323-333, p. 325.

Enquanto a renúncia é ligada a subjetivismos, a *suppressio* tem fundamento na boa-fé objetiva e é uma figura eminentemente objetiva[495]. São suportes fáticos e fundamentos completamente distintos. Uma é justificada pela ilicitude do comportamento desleal da parte (*suppressio*) enquanto a outra representa o exercício lícito da autonomia da parte em abdicar de seu direito[496].

Apesar disso, a origem da *suppressio* possui certa relação com a renúncia, pois na Alemanha, onde o instituto ressurgiu com este nome pela primeira vez após o domínio romano e *exceptio doli*, sua popularidade possui ligação com o fato de que a renúncia, no direito alemão, era negócio jurídico bilateral (ou seja, não prescindia de aceitação da contraparte como no direito brasileiro)[497]. Isso acabava por criar um certo embaraço para seu reconhecimento de forma tácita[498]. Ocorre que, apesar da origem conectada, os institutos desenvolveram-se de forma totalmente separada, com fundamentos e consequências distintos[499]. Enquanto a autovinculação da declaração negocial válida é recebida pelo direito como "promessa vinculante", como negócio jurídico propriamente dito, a autovinculação criada pela incidência da *suppressio* e pela tutela da confiança da parte apenas entra como um pressuposto fático

[495] GUEDES, Gisela Sampaio da Cruz. *Suppressio* e Prescrição: a confiança na estabilidade da situação jurídica subjetiva pode afetar o exercício da pretensão. *In*: BENETTI, Giovana *et al.* (orgs.). **Direito, Cultura, Método**: leituras da obra de Judith Martins-Costa. Rio de Janeiro: GZ, 2019, p. 334-356, p. 346.

[496] GUEDES, Gisela Sampaio da Cruz. *Suppressio* e Prescrição: a confiança na estabilidade da situação jurídica subjetiva pode afetar o exercício da pretensão. *In*: BENETTI, Giovana *et al.* (orgs.). **Direito, Cultura, Método**: leituras da obra de Judith Martins-Costa. Rio de Janeiro: GZ, 2019, p. 334-356, p. 351.

[497] NEVES, Julio Gonzaga Andrade. **A suppressio (Verwirkung) no direito Civil**. São Paulo: Almedina, 2016, p. 45.

[498] NEVES, Julio Gonzaga Andrade. **A suppressio (Verwirkung) no direito Civil**. São Paulo: Almedina, 2016, p. 45.

[499] GUEDES, Gisela Sampaio da Cruz. *Suppressio* e Prescrição: a confiança na estabilidade da situação jurídica subjetiva pode afetar o exercício da pretensão. *In*: BENETTI, Giovana *et al.* (orgs.). **Direito, Cultura, Método**: leituras da obra de Judith Martins-Costa. Rio de Janeiro: GZ, 2019, p. 334-356, p. 346.

para a responsabilização do contratante por sua conduta contraditoriamente desleal, não ensejadora de nova relação jurídica[500].

No Brasil, a *suppressio* ganhou mais força com a edição do novo Código Civil em 2002, com a previsão da figura do abuso de direito no artigo 187 do Código, a adoção da boa-fé objetiva como um dos princípios centrais da codificação[501]. Antes disso, contudo, a *suppressio* já repercutia na doutrina e jurisprudência. Um dos julgados a que se atribui uma das primeiras menções à figura é o chamado "caso do corredor não utilizado"[502]. No caso, a *suppressio* foi aplicada para fundamentar a perda do direito de condôminos a reivindicar área condominial ocupada exclusivamente por outro condômino, considerando que por 20 anos a ocupação não havia sido impugnada e que a área não possuía utilidade ao condomínio[503].

Pode-se dizer que atualmente a *suppressio* é facilmente reconduzida pela doutrina à noção de abuso de direito como uma de suas facetas, uma de suas subespécies[504]. É preferível, todavia, uma visão mais abrangente a figura, entendendo-se, na linha do delineado pela Professora Judith Martins-Costa, que a previsão do art. 187 dá fundamento legal à função corretora da boa-fé objetiva, através da qual a boa-fé auxilia a corrigir o exercício jurídico em geral, direcionando-o, ajustando-o a padrões de licitude e impedindo o exercício manifestamente desleal, incoerente, imoderado ou irregular dos direitos[505]. O artigo é, em ver-

[500] BAPTISTA MACHADO, João. Tutela da Confiança e "Venire Contra Factum Proprium". *In*: BAPTISTA MACHADO, João. **Obra Dispersa**. v. I. Braga: Scientia Ivridica, 1991, p. 345-423, p. 366.

[501] NEVES, Julio Gonzaga Andrade. **A suppressio (Verwirkung) no direito Civil**. São Paulo: Almedina, 2016, p. 48-49.

[502] O julgado é referido dessa forma em MARTINS-COSTA, Judith. **A Boa-Fé no Direito Privado**: critérios para sua aplicação. 2ª ed. São Paulo: Saraiva, 2018, p. 716.

[503] BRASIL. Superior Tribunal de Justiça (4. Turma). **Recurso Especial 214.680/SP**. Relator: Min. Ruy Rosado de Aguiar. Brasília, DF, 16 nov. 1999. Disponível em: https://processo.stj.jus.br/SCON/jurisprudencia/toc.jsp?livre=%28RESP.clas.+e+%40num%3D%22214680%22%29+ou+%28RESP+adj+%22214680%22%29.suce. Acesso em: 23 jun. 2022.

[504] NEVES, Julio Gonzaga Andrade. **A suppressio (Verwirkung) no direito Civil**. São Paulo: Almedina, 2016, p. 58. Reconduzindo a previsão do art. 187 à noção do abuso de direito: MIRAGEM, Bruno. **Abuso do direito**. Rio de Janeiro: Forense, 2009, p. 101-102.

[505] MARTINS-COSTA, Judith. **A Boa-Fé no Direito Privado**: critérios para sua aplicação. 2ª ed. São Paulo: Saraiva, 2018, p. 625.

dade, cláusula geral que abre o sistema jurídico à influência de elementos valorativos do próprio sistema e dos princípios jurídicos[506].

Ainda, *suppressio* não terá a mesma consequência extintiva de direitos do que quando configurada, em seu lugar, a renúncia a direito. A *suppressio*, em verdade, terá a consequência que o intérprete entender apropriada para a proteção das expectativas da contraparte, a mínima consequência que exerça essa proteção, podendo esta ser considerar exigível a autovinculação ao menos até o ponto de tutelar as expectativas da parte ou, ainda, obrigar o responsável pela criação das legítimas expectativas a indenizar os danos causados[507]. Isso significa dizer que a *suppressio* é basicamente uma "dupla cláusula geral", já que "tanto a sua hipótese de incidência quanto sua consequência são indeterminadas, e precisam ser casuística e prudentemente concretizadas pelo julgador"[508].

A proteção da *suppressio* será sempre até o limite da proteção da confiança da contraparte, de acordo com uma avaliação casuística do julgador[509]. Ou seja, o direito subsiste conforme o previsto em contrato ou na legislação[510], sendo sua eficácia negada apenas para tutelar as expectativas da outra parte. Esse é inclusive o entendimento que restou consolidado no Enunciado 617 da VII Jornada de Direito Civil, o qual dispõe que: "o abuso do direito impede a produção de efeitos do ato abusivo de exercício, na extensão necessária a evitar sua manifesta contrariedade à boa-fé, aos bons costumes, à função econômica ou social do direito exercido".

Por outro lado, há quem defenda que a consequência da *suppressio* será somente indenizatória, rejeitando a possibilidade de uma consequência "positiva", que envolva a vinculação da parte cuja omissão criou

[506] MIRAGEM, Bruno. **Abuso do direito**. Rio de Janeiro: Forense, 2009, p. 108.

[507] BAPTISTA MACHADO, João. Tutela da Confiança e "Venire Contra Factum Proprium". *In*: BAPTISTA MACHADO, João. **Obra Dispersa**, v. I. Braga: Scientia Ivridica, 1991, p. 345-423, p. 367.

[508] ÁVILA, Humberto. Suppressio – Limitação de direito por exercício tardio: definição e requisitos de aplicação. *In*: BENETTI, Giovana *et al.* (orgs.). **Direito, Cultura, Método**: leituras da obra de Judith Martins-Costa. Rio de Janeiro: GZ, 2019, p. 323-333, p. 327.

[509] NEVES, Julio Gonzaga Andrade. **A suppressio (Verwirkung) no direito Civil**. São Paulo: Almedina, 2016, p. 92.

[510] LOS MOZOS, José Luis de. **El Principio de la Buena fe**: sus aplicaciones prácticas em el Derecho Civil español. Barcelona: Bosch, 1965, p. 207.

expectativas na outra[511]. Para Carneiro da Frada, a tutela da confiança efetivada pela *suppressio* se dá justamente através da compensação pelo investimento realizado em virtude dessa[512]. Entretanto, neste livro se adotará como consequência principal da *suppressio* a inibição do exercício do direito que a parte deixou de exercer por longo período e, portanto, gerou legítimas expectativas na outra de que não seria exercido.

Até mesmo o tempo para configuração da *suppressio* é indeterminado. Enquanto para outras figuras como a prescrição, a lei fixa um período determinado para incidência, o tempo apto a caracterizar a *suppressio* deve ser examinado caso a caso, pois o tempo será aquele que bastar para a criação das expectativas legítimas na parte, o que pode ser diferente a depender das circunstâncias postas em cada relação negocial[513]. Como exemplo, há de se trazer o famoso caso envolvendo o acordo de acionista da família *Steinbruch*, em que o Tribunal de Justiça de São Paulo rejeitou a aplicação do *venire contra factum proprium* alegada pelos apelantes em virtude das peculiaridades da relação societária. Segundo o voto vencedor, no âmbito das relações intra-societárias não se poderia utilizar de exemplos de anos em que as partes acordaram de forma unânime na eleição dos diretores para impedir que uma das partes usasse seu direito de voto em apartado nos cargos de diretoria[514].

Muito embora essa indeterminação nas mais variadas frentes, a doutrina desenvolveu requisitos fundamentais para a concretização da *suppressio* que acabam por receber diferentes nomes, mas em seu cerne são semelhantes: (i) inatividade da parte; (ii) imputabilidade da inatividade à parte inativa e (iii) confiança legítima do devedor na falta de exercício futuro (protetividade das expectativas)[515].

[511] CARNEIRO DA FRADA, Manuel Antônio de Castro Portugal. **Teoria da Confiança e Responsabilidade Civil.** Coimbra: Almedina, 2004, p. 570.

[512] CARNEIRO DA FRADA, Manuel Antônio de Castro Portugal. **Teoria da Confiança e Responsabilidade Civil.** Coimbra: Almedina, 2004, p. 572.

[513] NEVES, Julio Gonzaga Andrade. **A suppressio (Verwirkung) no direito Civil.** São Paulo: Almedina, 2016, p. 44.

[514] SÃO PAULO. Tribunal de Justiça. **Apelação Cível 1031757-59.2018.8.26.0100.** Relator: Maurício Pessoa. Julgado em: 18 maio 2021, DJe: 26 maio 2021.

[515] ÁVILA, Humberto. Suppressio – Limitação de direito por exercício tardio: definição e requisitos de aplicação. *In*: BENETTI, Giovana *et al.* (orgs.). **Direito, Cultura, Método**: leituras da obra de Judith Martins-Costa. Rio de Janeiro: GZ, 2019, p. 323-333, p. 327.

Basicamente, em um primeiro momento, o direito está em plenas condições de exercício e a parte que é sua titular não o exerce. Em um segundo momento, quando a contraparte já confiava no seu não exercício, a parte age, exercendo o direito de forma imprevisível[516]. Essa confiança da parte não é meramente um aspecto subjetivo ou anímico – é objetiva, demonstrada, por exemplo, através de um investimento ou atuação da parte que considera o não exercício do direito. Ou seja, deve ser justificada a confiança da parte em indícios objetivos para que possa ser protegida, visto que o requisito é de confiança legítima da parte e não apenas confiança pura e simples[517].

No ponto, importante ressaltar que a doutrina também caracteriza essa figura como uma de aplicação extraordinária, justamente por conta da existência desses vários requisitos para sua configuração[518]. Assim, deve-se atentar aos requisitos para que o instituto não seja mal utilizado, abrindo uma porta para uma solução de equidade aplicada sem critério pelas cortes. Além disso, o instituto terá aplicação subsidiária: quando possível a configuração de outros institutos como renúncia tácita ou prescrição, esses serão preferíveis à incidência da *suppressio*[519].

A *suppressio* atua não em termos puramente comissivos, mas em termos omissivos-comissivos, pois depende de longos períodos de inação seguidos de ação que surpreenda a contraparte[520]. Dessa forma, a mera inatividade ou omissão da parte, como descrito pela cláusula de *no wai-*

[516] NEVES, Julio Gonzaga Andrade. **A suppressio (Verwirkung) no direito Civil**. São Paulo: Almedina, 2016, p. 43.

[517] GUEDES, Gisela Sampaio da Cruz. *Suppressio* e Prescrição: a confiança na estabilidade da situação jurídica subjetiva pode afetar o exercício da pretensão. *In*: BENETTI, Giovana *et al.* (orgs.). **Direito, Cultura, Método**: leituras da obra de Judith Martins-Costa. Rio de Janeiro: GZ, 2019, p. 334-356, p. 347.

[518] GUEDES, Gisela Sampaio da Cruz. *Suppressio* e Prescrição: a confiança na estabilidade da situação jurídica subjetiva pode afetar o exercício da pretensão. *In*: BENETTI, Giovana *et al.* (orgs.). **Direito, Cultura, Método**: leituras da obra de Judith Martins-Costa. Rio de Janeiro: GZ, 2019, p. 334-356, p. 344.

[519] GUEDES, Gisela Sampaio da Cruz. *Suppressio* e Prescrição: a confiança na estabilidade da situação jurídica subjetiva pode afetar o exercício da pretensão. *In*: BENETTI, Giovana *et al.* (orgs.). **Direito, Cultura, Método**: leituras da obra de Judith Martins-Costa. Rio de Janeiro: GZ, 2019, p. 334-356, p. 347.

[520] NEVES, Julio Gonzaga Andrade. **A suppressio (Verwirkung) no direito Civil**. São Paulo: Almedina, 2016, p. 43.

ver, não necessariamente será suficiente para a configuração da *suppressio*, o que significa que não necessariamente o fato de a *suppressio* ser cogente no direito brasileiro (por ser derivada da boa-fé e, portanto, parte da ordem pública) impedirá a eficácia da cláusula. Apesar disso, para a sua caracterização é necessário que haja a inatividade da parte por uma certa duração de tempo, a construir e gerar na contraparte a confiança[521].

Em verdade, o cerne da *suppressio* é justamente a noção de tutela da confiança da contraparte. Ou seja, não se trata de procurar sancionar ou não a parte que falhou ou foi omissa no exercício de seu direito, mas realmente de evitar que a sua contraparte, em razão da legítima confiança que construiu com base no comportamento omissivo da outra, seja colocada em situação prejudicial quando comparada com a situação anterior a que se encontraria no caso do exercício feito no tempo esperado[522]. Em decisão do Superior Tribunal de Justiça, define a Ministra Maria Isabel Galotti: "A *suppressio* indica possibilidade de redimensionamento da obrigação pela inércia qualificada de uma das partes, durante a execução contratual, em exercer direito, criando para a outra parte a legítima expectativa de ter havido a renúncia a tal direito"[523].

Como se vê, a culpa da parte que age de forma contraditória não é apontada como um dos requisitos ou pressupostos para a incidência do instituto, mas apenas sua inação como uma situação fática[524]. É a confiança da outra parte de que uma determinada pretensão ou direito não

[521] WIEACKER, Franz. **El Principio General de La Buena Fe.** Trad. Jose Luiz Carro. Madrid: Editorial Civitas S.A, p. 62.

[522] ÁVILA, Humberto. *Suppressio* – Limitação de direito por exercício tardio: definição e requisitos de aplicação. In: BENETTI, Giovana *et al.* (orgs.). **Direito, Cultura, Método**: leituras da obra de Judith Martins-Costa. Rio de Janeiro: GZ, 2019, p. 323-333, p. 332.

[523] BRASIL. Superior Tribunal de Justiça (4. Turma). **Agravo Interno nos Embargos de Declaração no Agravo em Recurso Especial 1294253/MT.** Relatora: Min. Maria Isabel Gallotti. Julgado em: 07 maio 2019, DJe: 10 maio 2019. Disponível em: https://processo.stj.jus.br/processo/revista/documento/mediado/?componente=ITA&sequencial=1821885&num_registro=201801152071&data=20190510&peticao_numero=201900096500&formato=PDF, Acesso em: 23 jun. 2022.

[524] GUEDES, Gisela Sampaio da Cruz. *Suppressio* e Prescrição: a confiança na estabilidade da situação jurídica subjetiva pode afetar o exercício da pretensão. *In*: BENETTI, Giovana *et al.* (orgs.). **Direito, Cultura, Método**: leituras da obra de Judith Martins-Costa. Rio de Janeiro: GZ, 2019, p. 334-356, p. 347.

será exercido, e não a conduta desleal da que não exerceu o seu direito, que é o foco da *suppressio*.

Sendo assim, a finalidade precípua da *suppressio* será justamente a de restabelecer o equilíbrio contratual que foi afetado pelo comportamento abrupto e inesperado de uma das partes, em violação das expectativas legitimamente criadas pela outra[525]. Por conta disso, se nenhum desequilíbrio for produzido pelo exercício tardio do direito pelo seu titular, não se cogita a *suppressio* justamente porque se entende não haver o que ser tutelado – se não há legítima confiança e condutas tomadas pela parte em virtude dessa legítima confiança, entende-se não haver o que ser protegido pela *suppressio*[526]. Há que se entender, entretanto, que tal desequilíbrio também pode ocorrer quando a conduta contrária à boa-fé causar dano ou for suscetível de causar danos à contraparte[527].

Justamente por essa finalidade de tutela da confiança e busca do reequilíbrio contratual é que a extinção de pleno do direito não é apontada como a consequência da incidência da *suppressio* pela doutrina[528]. A extinção seria consequência demasiadamente severa para a finalidade que se propõe a incidência da *suppressio* e, sendo assim, a ideia de proteção da confiança também serve para que as consequências da *suppressio* sejam limitadas ao necessário para tutelar a confiança, apenas retirando a eficácia do direito do qual se abusa[529].

Aqui há mais uma distinção da figura negocial da renúncia tácita acima mencionada, pois naquela, como a parte tem intenção abdicativa, o seu direito será extinto pela caracterização da renúncia tácita, enquanto na *suppressio* só haverá limitação de sua eficácia. Ou seja,

[525] ÁVILA, Humberto. *Suppressio* – Limitação de direito por exercício tardio: definição e requisitos de aplicação. In: BENETTI, Giovana *et al.* (orgs.). **Direito, Cultura, Método**: leituras da obra de Judith Martins-Costa. Rio de Janeiro: GZ, 2019, p. 323-333, p. 332.

[526] ÁVILA, Humberto. *Suppressio* – Limitação de direito por exercício tardio: definição e requisitos de aplicação. *In*: BENETTI, Giovana *et al.* (orgs.). **Direito, Cultura, Método**: leituras da obra de Judith Martins-Costa. Rio de Janeiro: GZ, 2019, p. 323-333, p. 332.

[527] BAPTISTA MACHADO, João. Tutela da Confiança e "Venire Contra Factum Proprium". *In*: BAPTISTA MACHADO, João. **Obra Dispersa**, v. I. Braga: Scientia Ivridica, 1991, p. 345-423, p. 365.

[528] NEVES, Julio Gonzaga Andrade. **A suppressio (Verwirkung) no direito Civil**. São Paulo: Almedina, 2016, p. 76.

[529] NEVES, Julio Gonzaga Andrade. **A suppressio (Verwirkung) no direito Civil**. São Paulo: Almedina, 2016, p. 76.

enquanto uma tem reflexos no plano da existência, efetivando uma verdadeira extinção do direito, a outra só produz efeitos no que diz respeito à eficácia, limitando o exercício de determinado direito, o qual continuará existindo[530].

Essa diferença será extremamente relevante nos casos em que do comportamento da parte não puder se extrair a renúncia tácita por conta de uma ausência de provas de elementos subjetivos ou qualquer outro motivo, pois as consequências da *suppressio* são menos severas por atuarem apenas na limitação da eficácia do direito e não na sua integral extinção (o que afeta o direito no plano da existência e não da eficácia). Ou seja, por mais que na maioria das circunstâncias seja difícil desenvolver um exemplo autônomo de *suppressio* em que não se configuraria em seu lugar a renúncia tácita[531], dada a similitude entre as figuras, quando isso ocorre a repercussão é relevante.

A conduta da parte quando há cláusula de *no waiver* é um desses exemplos, pois as partes contratualmente limitam a configuração da renúncia tácita e, com isso, só restará a *suppressio*, visto que cogente. Por conta disso, no tópico a seguir serão unidas as noções derivadas de comportamentos omissivos analisadas até o momento para que se possa concluir pelas reais limitações impostas à e pela cláusula de *no waiver* no direito brasileiro.

2.2.2. Limites à cláusula de *no waiver*

Analisados todos esses senões e limitações à liberdade contratual em virtude da incidência da boa-fé objetiva e do abuso de direito, resta, neste derradeiro subponto, analisar como tais limitação influenciam na validade e eficácia da cláusula de *no waiver* no direito brasileiro. Na primeira

530 Especificamente sobre o tema dos efeitos da *suppressio*, relevante destacar o parecer apresentado pelos professores Judith Martins-Costa e Gustavo Haical no seguinte processo judicial (fls. 6806-6840), em que se analisa como os efeito da *suppressio* irão ao limite de tutelar as expectativas das partes: SÃO PAULO. Tribunal de Justiça. **Apelação Cível 1031757-59.2018.8.26.0100**. Relator: Maurício Pessoa. Julgado em: 18 maio 2021, DJe: 26 maio 2021.

531 GUEDES, Gisela Sampaio da Cruz. *Suppressio* e Prescrição: a confiança na estabilidade da situação jurídica subjetiva pode afetar o exercício da pretensão. *In*: BENETTI, Giovana *et al.* (orgs.). **Direito, Cultura, Método**: leituras da obra de Judith Martins-Costa. Rio de Janeiro: GZ, 2019, p. 334-356, p. 356.

parte deste livro concluiu-se que, em países de *Civil Law* em que as leis de direito contratual impõem mais limitações à vontade das partes, a cláusula tende a não produzir os exatos mesmos efeitos que produz nos países de *Common Law*.

Resta compreender como o direito brasileiro reage à disposição. Como visto, essa cláusula se tornou comumente inserida nos contratos firmados, mesmo em língua portuguesa e com lei brasileira aplicável, prevendo que o não exercício de direitos não poderá, de forma alguma, ser interpretado como uma renúncia aos referidos direitos, nem mesmo afetar o seu ulterior exercício[532].

A dúvida é: se essa cláusula é válida e eficaz sob o direito brasileiro e, nessa segunda hipótese, quais os limites dessa eficácia. É nesse ponto que se concluirá sobre se a cláusula atinge os efeitos que as partes almejaram quando a pactuaram e se seus efeitos são os mesmos que na sua jurisdição de origem.

Quanto à validade, há de se compreender que as partes possuem total liberdade para pactuar regras de interpretação aplicáveis às suas relações contratuais, desde que com isso não violem normas de ordem pública ou derroguem de normas cogentes. Nesse sentido, tal possibilidade veio a ser reforçada pela inclusão do § 2º do artigo 113 do Código Civil, pela chamada Lei da Liberdade Econômica: "As partes poderão livremente pactuar regras de interpretação, de preenchimento de lacunas e de integração dos negócios jurídicos diversas daquelas previstas em lei"[533].

Apesar de tal previsão expressa, essa liberdade de pactuação não é maior nem menor do que a que existia antes da Lei da Liberdade Econômica, persistindo o filtro do respeito às normas cogentes e à ordem pública. Assim, eventualmente uma norma de interpretação estabelecida em contrato pelas partes poderá ser invalidada ou tornada ineficaz por conta de ofensa à ordem pública.

Além dessa possibilidade abrangente de pactuação de regras de interpretação, é de se verificar que nenhuma das hipóteses de nulidade

[532] NEVES, Julio Gonzaga Andrade. **A suppressio (Verwirkung) no direito Civil**. São Paulo: Almedina, 2016, p. 158.

[533] BRASIL. **Lei nº 10.406, de 10 de janeiro de 2002.** Institui o Código Civil. Brasília, DF: Presidência da República, [2002]. Disponível em: http://www.planalto.gov.br/ccivil_03/leis/2002/l10406.htm. Acesso em: 23 jun. 2022.

ou anulabilidade dos negócios jurídicos poderia estar em abstrato configurada pela mera redação de um dispositivo contratual que determine que as condutas ou omissões das partes não poderão ser interpretadas como renúncia ou impedir o exercício de direitos, visto que essa redação por si só não contraria a boa-fé objetiva. Sendo assim, não necessariamente a previsão da cláusula de *no waiver* pelas partes contrariará lei imperativa (lei parte da ordem pública ou simplesmente cogente) a fazer incidir o art. 166, VI do Código Civil e, portanto, permitir a incidência da sanção de nulidade da cláusula.

Por mais que em alguns casos se possa cogitar, no caso concreto, de uma contrariedade ao princípio da boa-fé objetiva devido à permissibilidade de comportamentos desleais, em abstrato não há uma derrogação expressa do princípio. Sendo assim, não há como se cominar a sanção de nulidade à cláusula de *no waiver*, motivo pelo qual as limitações à cláusula devem se restringir ao plano da eficácia, impedindo o abuso de um ou outro direito contratual quando seu exercício, a despeito da cláusula de *no waiver*, violar a boa-fé objetiva e incorrer, portanto, em abuso de direito.

É claro que, por ser a boa-fé objetiva norma de ordem pública, não se poderia, por exemplo, considerar válida uma cláusula que pré-exclua a incidência da *suppressio* ou de qualquer outra figura parcelar de sua função corretora, pois isso significaria, além de violar a boa-fé objetiva, permitir que as partes praticassem verdadeiro ato ilícito, visto que essas figuras representam espécies típicas de abuso do direito[534]. No entanto, essa não é a redação padrão da cláusula e, não se pré-excluindo as figuras vinculadas à boa-fé e à ordem pública, não há por que se cominar a sanção de nulidade em abstrato, impedindo por completo a sua pactuação pelas partes.

Sendo válida a disposição prevista pela cláusula de *no waiver*, ela poderá limitar a pactuação de negócios jurídicos derivados da atuação das partes em exercício de sua autonomia da vontade, sejam eles unilaterais, como é o caso da renúncia, ou bilaterais, como é o caso das alterações tácitas do negócio jurídico, ambas mencionadas no capítulo ante-

[534] NEVES, Julio Gonzaga Andrade. **A suppressio (Verwirkung) no direito Civil**. São Paulo: Almedina, 2016, p. 158.

rior. A cláusula servirá ao menos para evitar as modificações contratuais por meio do comportamento das partes.

O controle de uma cláusula contratual, contudo, não se restringe à sua licitude, devendo também ser apreciada a sua função e a finalidade almejada pelas partes, tanto em uma perspectiva jurídica quanto econômica[535]. Nesse sentido, aponta-se como elementos de controle o abuso de direito e a proporcionalidade dos efeitos de uma cláusula contratual[536]. Ou seja, uma parte não poderá se utilizar de uma cláusula contratual para exercer certo direito de forma anormal, abusiva, assim como não poderá buscar seus efeitos quando estes forem desproporcionais[537].

Sobre essa possibilidade de controle, observa-se que a existência da cláusula de *no waiver* em contrato poderá aumentar o parâmetro de configuração de legítimas expectativas, pois a parte estará instruída contratualmente a não confiar que a inércia da parte significa o não exercício futuro de seu direito. Nesse caso, essa diretriz sobre como deve ser interpretado o comportamento das partes terá de ser afastada para que se configure a *suppressio*, visto que a existência da cláusula de *no waiver* oferece à parte um indício para desconfiar do comportamento da outra. Ou seja, pode-se dizer que a cláusula não afasta totalmente a ocorrência da *suppressio*, mas sim aumenta o *standard* para o preenchimento do requisito da protetividade, vinculado à criação das expectativas legítimas.

O efeito é tênue, especialmente porque a inércia ensejadora das legítimas expectativas e configuradora da *suppressio* já não é qualquer inércia, mas sim uma inércia ostensiva, excepcional, exatamente pelo fato de a *suppressio* ser um remédio excepcionalíssimo[538]. Isso faria com que, nas circunstâncias em que a *suppressio* estivesse caracterizada, o uso da cláusula de *no waiver* permitisse o uso anormal de um determinado direito contratual, gerando efeitos considerados desproporcionais, injustos. Nesse sentido, por mais que a cláusula não seja invalidada, há de se cogitar de seu controle no plano da eficácia.

[535] GRAS, Nicolas. **Essai sur les clauses contractuelles**. Paris: LGDJ, 2015, p. 382.

[536] GRAS, Nicolas. **Essai sur les clauses contractuelles**. Paris: LGDJ, 2015, p. 382.

[537] GRAS, Nicolas. **Essai sur les clauses contractuelles**. Paris: LGDJ, 2015, p. 382-386.

[538] NEVES, Julio Gonzaga Andrade. **A suppressio (Verwirkung) no direito Civil**. São Paulo: Almedina, 2016, p. 158.

A existência da cláusula de *no waiver* em mais e mais tipos de contratos, sejam de consumo, civis ou comerciais, com o direito brasileiro como a lei aplicável faz com que a diferenciação entre renúncia tácita e *suppressio* torne-se ainda mais relevante nos dias atuais. Isto é, como a cláusula impedirá a configuração da renúncia ou de qualquer modificação tácita do negócio jurídico, o recurso às figuras parcelares da boa-fé objetiva passará a fazer mais sentido, já que sua atuação acaba por ser subsidiária à caracterização de negócios jurídicos por meio de declaração negocial expressa ou tácita[539].

Dessa forma, a não configuração da renúncia tácita por limitação das partes por meio do estabelecimento da cláusula de *no waiver* permite a intervenção subsidiária da proibição às condutas contraditórias[540], a qual seguirá existindo a despeito da cláusula. Isso porque, como se delineou nos capítulos anteriores, a proibição às condutas contraditórias, como a *suppressio*, constitui faceta da boa-fé objetiva ligada à configuração de abuso de direito e, portanto, parte da ordem pública brasileira, inderrogável por meio do acordo das partes por ser classificada como norma cogente[541].

Pode-se dizer que a cláusula de *no waiver* acaba por sofrer limitações da mesma forma que qualquer outro direito contratualmente estipulado sofre, visto que não poderá a parte lançar mão do seu uso se estiver incorrendo em abuso dos direitos nela estipulados. No entanto, esse limite não é imposto à cláusula em si, mas sim ao direito não exercido por longo período e que depois passa a ser exercido em comportamento contraditório da parte que pretende fazer uso da cláusula de *no waiver* para impedir a incidência de institutos vinculados à boa-fé objetiva, como a *suppressio*.

539 BAPTISTA MACHADO, João. Tutela da Confiança e "Venire Contra Factum Proprium". *In*: BAPTISTA MACHADO, João. **Obra Dispersa**, v. I. Braga: Scientia Ivridica, 1991, pp. 345-423, p. 419-420.

540 BAPTISTA MACHADO, João. Tutela da Confiança e "Venire Contra Factum Proprium". *In*: BAPTISTA MACHADO, João. **Obra Dispersa**, v. I. Braga: Scientia Ivridica, 1991, pp. 345-423, p. 420.

541 Em sentido contrário, defendendo a impossibilidade de invocação da *supressio* em relações paritárias em que feita reserva expressa, ver: MARTINS-COSTA, Judith. **A Boa-Fé no Direito Privado**: critérios para sua aplicação. 2ª ed. São Paulo: Saraiva, 2018, p. 715.

Em recente decisão, o Tribunal de Justiça de São Paulo entendeu, em sentido contrário, que a existência da cláusula de *no waiver* em contrato de locação impedia a configuração da *suppressio* quanto ao direito da locadora de cobrar da locatária as diferenças do pagamento de alugueres feito a menor, visto que a existência da cláusula impediria que a locatária parte criasse legítimas expectativas sobre o valor do aluguel[542].

No entanto, a decisão se equivoca ao entender que a autonomia da vontade poderia derrogar por completo a proteção das legítimas expectativas fornecida pela aplicação da *suppressio*, tendo em vista o fundamento da figura estar justamente na boa-fé objetiva, parte integrante da ordem pública. Apesar disso, não há como se desconsiderar a existência de decisões judiciais[543] justamente no sentido de dar eficácia obstativa da *suppressio* à cláusula mesmo em face da atuação da boa-fé objetiva[544]. É nesse sentido que se posicionam também juristas como Humberto Ávila[545] e Judith Martins-Costa[546].

Ocorre, contudo, que o entendimento exposto por ambos os autores apenas leva à conclusão de que a inserção da cláusula levaria ao não preenchimento dos requisitos da *suppressio*, não que a cláusula é capaz

[542] SÃO PAULO. Tribunal de Justiça de São Paulo. **Apelação Cível 1006269-29.2017.8.26.0071**. Relator: Airton Pinheiro de Castro. Julgado em: 01 jul. 2020. DJe: 02 jul. 2020.

[543] Para fins de pesquisa exemplificativa e qualitativa, a pesquisa de jurisprudência apresentada nos parágrafos seguintes foi feita nos 5 tribunais (TJSP, TJMT, TJMG, TJRJ e TJRS) com o maior número de casos segundo dados fornecidos pela pesquisa Justiça em Números do CNJ: Disponível em: https://paineis.cnj.jus.br/QvAJAXZfc/opendoc.htm?document=qvw_l%2FPainelCNJ.qvw&host=QVS%40neodimio03&anonymous=true&sheet=shResumoDespFT. Último Acesso em 25 de abril de 2022. Apesar da cláusula ser bastante comum na prática jurídica brasileira, o resultado encontrado não foi tão expressivo como se esperava, o que parece encontrar justificativa na ausência de atenção dada pelos patronos à presença da cláusula nos contratos.

[544] No mesmo sentido SÃO PAULO. Tribunal de Justiça. **Apelação Cível 1002383-61.2019.8.26.0100**. Relatora: Daise Fajardo Nogueira Jacot. Julgado em: 24 nov. 2021, DJe: 24 nov. 2021; SÃO PAULO. Tribunal de Justiça. **Apelação Cível 1007712-98.2017.8.26.0011**. Relator: L. G. Costa Wagner. Julgado em: 29 jul. 2019, DJe: 30 jul. 2019.

[545] ÁVILA, Humberto. *Suppressio* – Limitação de direito por exercício tardio: definição e requisitos de aplicação. *In*: BENETTI, Giovana *et al.* (orgs.). **Direito, Cultura, Método**: leituras da obra de Judith Martins-Costa. Rio de Janeiro: GZ, 2019, p. 323-333, p. 330-332.

[546] MARTINS-COSTA, Judith. **A Boa-Fé no Direito Privado**: critérios para sua aplicação. 2ª ed. São Paulo: Saraiva, 2018, p. 713.

de derrogar do regime da função corretora da boa-fé objetiva por suposta primazia da autonomia privada sobre o instituto da *suppressio*[547], o que certamente não é o caso. Assim, há de se diferenciar essas duas concepções e entender que não há como se em abstrato afirmar que, em virtude da inserção da cláusula, jamais se poderia cogitar do preenchimento dos requisitos. Resta, então, a análise do preenchimento dos requisitos no caso concreto, como já se enunciou anteriormente.

Apesar disso, parece que o rígido entendimento pela não aplicação, em abstrato, da *suppressio* é o prevalecente na jurisprudência. No mesmo sentido foi proferida, por exemplo, decisão do TJRJ, que entendeu que a existência da cláusula afastaria a incidência da *suppressio* em contrato de distribuição de combustíveis[548]. No caso, apesar da cláusula fazer referência apenas à não ocorrência de renúncia ou novação, o TJRJ entendeu equivocadamente que a previsão excluía também a *suppressio*.

Em dissonância, em caso de execução de valores estipulados em contrato de compra e venda de grãos, o Tribunal de Justiça do Rio Grande do Sul proferiu decisão que separa em dois distintos momentos a possibilidade de aplicação da *suppressio* em face da existência de cláusula de *no waiver*[549]. Em relação aos valores já pagos ao exequente, a relatora entendeu que se aplicaria a *suppressio*, pois a cobrança de juros e correção em face desses valores violaria a boa-fé objetiva por quebra de lealdade e confiança. Contudo, em relação aos valores ainda em aberto a relatora entendeu que não se aplicariam os conceitos de *suppressio* e *surrectio* em vista da existência de cláusula que previa que qualquer tolerância ou não

[547] Entende-se, assim, que a cláusula de *no waiver* não pode ser nomeada como uma "cláusula obstativa à *suppressio*, na linha do que é feito em CORRÊA, Bruno Tostes. Cláusula obstativa à *suppressio*: Comentário à Apelação Cível 1006269.29.2017.8.26.0071/TJSP. **Revista de Direito Civil Contemporâneo**, v. 23, ano 7, p. 443-455, 2020, p. 451, pois a cláusula apenas obsta o preenchimento de seus requisitos (o que deverá ser verificado caso a caso).

[548] RIO DE JANEIRO. Tribunal de Justiça do Rio de Janeiro. **Apelação 0194937-12.2017.8.19.0001**. Relatora: Des(a). Denise Nicoll Simões. DJe: 10 dez. 2019. Disponível em: http://www1.tjrj.jus.br/gedcacheweb/default.aspx?UZIP=1&GEDID=0004B09BC584DD23467E7F519A1C2585D59CC50B4E316352&USER=. Acesso em: 28 jun. 2022.

[549] RIO GRANDE DO SUL. Tribunal de Justiça do Rio Grande do Sul. **Apelação Cível nº 70072603467**. Relator: Mylene Maria Michel. Julgado em: 17 ago. 2017. DJe: 24 ago. 2017 Disponível em: https://www.tjrs.jus.br/buscas/jurisprudencia/exibe_html.php. Acesso em: 28 jun. 2022.

exercício de direito não implicaria em novação ou transação de qualquer espécie.

Entende-se que as conclusões da decisão estão corretas, mas pelos fundamentos equivocados. O que quis dizer a decisão, parece, é que, por conta da cláusula, o direito contratualmente previsto aos consectários da mora não poderia ser extinto, mas que, em relação aos pagamentos já feitos, seria suprimido. Ou seja, o que se percebe é que a decisão acatou a aplicação da *suppressio*, mas rejeitou a existência de suposta renúncia ou novação tácitas por conta da existência da cláusula de *no waiver*.

Mais em linha com o que se defendeu ao longo deste tópico, o Tribunal de Justiça de Minas Gerais proferiu decisão condenando o comportamento abusivo da prestadora em contrato de processamento de cartões, aplicando a *suppressio* para impedir a cobrança de valores pretéritos relativos a outras taxas que, apesar de previstas no contrato, jamais haviam sequer sido cobradas[550]. O relator do caso, apesar de reconhecer a existência da cláusula de tolerância, refere que o comportamento contraditório da parte não pode ser chancelado, mesmo diante da cláusula.

Assim, há de se concluir que a cláusula de *no waiver* poderá ser válida e eficaz no direito brasileiro, desde que não seja utilizada como uma forma de permitir um abuso de direito contratual, violando a confiança legítima da contraparte por ser contraditório a um comportamento pretérito. Essa limitação, contudo, não é exclusiva da cláusula de *no waiver*, mas sim uma limitação genérica que acaba por ser aplicável a toda e qualquer regra contratual por conta da essencialidade atribuída à observância da boa-fé nas relações contratuais e, portanto, do seu caráter de ordem pública, inderrogável pela vontade das partes.

Nesse sentido, por mais que as cláusulas de *no waiver* possam ser úteis para impedir a plena extinção dos direitos contratuais não exercidos por configuração de renúncia tácita, aferida pelo comportamento omissivo de uma das partes de uma relação contratual, entende-se que a cláusula não dará a proteção absoluta que parece dar em uma primeira leitura, pois não é sempre que o direito que se pretende exercer depois de

[550] MINAS GERAIS. Tribunal de Justiça de Minas Gerais. **Apelação Cível 1.0702.09.591701-0/001**. Relator: Des. Arnaldo Maciel. Julgado em: 25 ago. 2020.

um longo período de omissão poderá de fato ser exercido[551]. Em alguns casos, sua eficácia poderá ser excepcionada quando a autonomia privada das partes que pactuaram a cláusula colidir com outras regras de ordem pública, como o princípio da boa-fé objetiva.

Em verdade, esse não é um problema de existência, validade ou eficácia da cláusula em si, mas com o direito que se pretende exercer mesmo diante de contradição desleal com fundamento na existência da cláusula e em suposta "exclusão", pelas partes, desses remédios fundados na atuação da boa-fé na correção do conteúdo contratual.

Essa limitação não é uma exclusividade da cláusula de *no waiver*, mas faz parte do direito brasileiro como um todo – sendo inderrogável pela vontade das partes. O que se precisa ter em mente é que nem sempre que uma cláusula contratual é "transplantada" de uma jurisdição a outra os seus efeitos serão exatamente os mesmos da outra jurisdição ou os mesmos que esperam as partes que assim pactuaram.

[551] FONTAINE, Marcel; DE LY, Filip. **Drafting International Contracts**: an analysis of contract clauses. Arsdley: Transnational Publishers, 2006, p. 167.

CONCLUSÕES

Ao longo deste livro, examinou-se a cláusula de *no waiver*, sua natureza jurídica, origem, validade e eficácia. A cláusula, entendida como a disposição contratual que prevê que nenhuma omissão ou tolerância ao longo da execução contratual importará em renúncia ou novação do contrato ou impedirá que a parte exerça seus direitos contratuais, tem origem no direito anglo-americano, em que a autonomia privada possui mais força, a intervenção do Poder Judiciário nos contratos possui menor relevância e o objetivo das partes é pactuar contratos "autossuficientes".

A intensa liberdade das partes de pactuarem seus contratos e estipularem as regras nele inscritas fez com que se desenvolvesse um estilo bastante peculiar de redação contratual, em que se procura regrar a extensão todos os cenários possíveis. Tal objetivo gerou a necessidade de cláusulas que previssem matérias recorrentes do direito dos contratos, como eleição de foro, eventos de força maior, cessão contratual. A cláusula de *no waiver* se insere nesse contexto, sua origem conectada à vontade das partes de garantirem maior segurança jurídica em suas relações e evitarem que figuras como *promissory estoppel* e *waiver by election* fossem aplicadas pelas cortes.

Apesar de figuras como a *promissory estoppel* terem se desenvolvido nas cortes de *equity* para trazer maior justiça aos casos em concreto, dando relevância às circunstâncias particulares de cada caso e buscando evitar que as partes entrassem em contradição com promessas anteriormente feitas ou deduzidas de suas condutas, os contratantes mais sofisticados preferiam não contar com tal remédio e ter a garantia de que seus direitos contratuais seriam sempre passíveis de exercício, mesmo que tardio.

A globalização e americanização do direito comercial influenciou em muito os países de jurisdição de *Civil Law*, fazendo com que diversos modelos jurídicos (legais, jurisprudenciais e negociais) do direito anglo-americano passassem a ser utilizados. Apesar de tal incorporação poder, de certa forma, levar a uma evolução do direito local, o "transplante" atécnico de regras jurídicas ou contratuais pode gerar dúvidas e insegurança quanto à validade ou eficácia de determinados dispositivos.

Uma das diferenças principais apontadas entre os sistemas de *Common Law* e de *Civil Law* é justamente a intervenção estatal nos contratos e a influência maior do direito romano no desenvolvimento do direito. Nos direitos alemão e francês, a vedação ao comportamento contraditório tem origem na *exceptio doli* do direito romano, que é basicamente a exceção que impedia que o comportamento malicioso de uma parte fosse "recompensado" na aquisição de direitos e na instauração de ações no âmbito do direito romano.

No direito alemão, tal influência fez com que se desenvolvesse, a teoria do *Unzulässige Rechtsausübung*, a qual, fundamentada principalmente na boa-fé, mas também na vedação à chicana presente no BGB, impõe a não possibilidade do exercício de direitos de forma contraditória. No mesmo sentido, no direito francês, o abuso de direito se desenvolveu também procurando evitar tais tipos de comportamento. Apesar disso, os dois sistemas possuem diferentes concepções sobre a derrogabilidade das figuras, sendo o direito francês mais aberto à pactuação em sentido contrário pelas partes.

Passando ao direito brasileiro, concluiu-se pela natureza jurídica da cláusula de *no waiver* como um negócio jurídico que estipula regra de interpretação, visto que a cláusula não estabelece direito, faculdade ou presunção, apenas define um parâmetro de interpretação para condutas posteriores das partes. E, como negócio jurídico que estabelece regra de interpretação, está a cláusula de *no waiver* sujeita às regras de validade do negócio jurídico e ao sistema de interpretação previsto pelo Código Civil.

Assim, analisou-se a possibilidade de consideração das manifestações de vontade tácitas, expressadas por meio apenas do comportamento das partes, como integrantes do suporte fático para formação do negócio jurídico, seja para a configuração de renúncia ou novação no âmbito do direito brasileiro. Em face de tal possibilidade, a cláusula de *no waiver* seria uma forma de derrogar dessa disciplina por meio de exercício de autonomia da vontade, o que parece ser válido e eficaz.

Ocorre que a autonomia privada, apesar de ser um relevante princípio ao direito contratual, também possui suas limitações, seja por conta da incidência de questões de ordem pública, seja por conta de outras normas cogentes incidentes na relação contratual. Há, então, de se analisar a questão da incidência da boa-fé como norma de validade para definir se a cláusula poderá, *a priori*, vedar que o comportamento de uma parte influencie no exercício posterior e contraditório de direitos contratuais.

Nesse sentido, apesar de a boa-fé não constar especificamente como uma das hipóteses dos incisos do art. 166 do Código Civil, a doutrina entende que se aplica indiretamente seja por meio da previsão da necessidade de objeto lícito constante do art. 104, seja por meio do inciso VI do art. 166, que prevê que é nulo o negócio jurídico que tiver por objeto fraudar lei imperativa.

Apesar disso, entende-se que, abstratamente, a cláusula não viola tais normas, pois não necessariamente a interpretação derivada da sua aplicação da cláusula de *no waiver* ao caso concreto violará a boa-fé objetiva. Assim, considerando essas conclusões a cláusula poderá ser pactuada em contrato e servirá para impedir que os comportamentos das partes configurem renúncia tácita ou novação de seus direitos e obrigações.

Já no âmbito das normas de interpretação contratual previstas pelo Código Civil, também há previsão expressa da possibilidade de regras de interpretação pactuadas pelas partes como seria o caso da cláusula de *no waiver*, na classificação acima mencionada. Sendo assim, a possibilidade e validade dessa pactuação encontra guarida no art. 113 § 2º do Código Civil, estando limitada, novamente, pelos princípios e postulados incidentes de forma cogente à interpretação, como é o caso do postulado da intenção comum das partes e os princípios da boa-fé e da ultraliteralidade. Como não há violação, *a priori*, a nenhuma dessas normas, entende-se pela validade da cláusula de *no waiver* no direito brasileiro.

Em cada caso concreto, no entanto, há de se analisar a atuação da cláusula e verificar se ela não permite eventual exercício abusivo de direito, disciplina construída no direito brasileiro com base na função corretora da boa-fé objetiva e, portanto, parte integrante da ordem pública. Nem sempre a invocação da cláusula de *no waiver* corresponderá a um exercício abusivo do direito contratual que se pretende exercer.

Contudo, em certas circunstâncias, em que o comportamento reiterado ou tolerância mencionado pela disposição também for criador de legítimas expectativas na parte, tal situação pode ocorrer. Nesses momentos, entende-se que a cláusula será ineficaz, pois esbarrará em figuras que vedam a atuação em contradição, especialmente a *suppressio*.

Em conclusão, entende-se que a cláusula de *no waiver* é válida ao estabelecer um critério por meio do qual os comportamentos e omissões das partes durante a execução contratual serão interpretados. A cláusula impedirá, por exemplo, que o intérprete entenda que um determinado comportamento ou omissão constituiu renúncia ou novação de direitos e obrigações contratuais.

No que diz respeito à vedação ao comportamento contraditório, a cláusula, apesar de não permitir o exercício abusivo de direitos, poderá sim impedir a aplicação de figuras destinadas a correção do comportamento das partes ao longo da execução contratual, pois ela poderá elevar o parâmetro para a criação das legítimas expectativas das partes. Isso porque, como a cláusula mesmo estipula que os comportamentos ou tolerâncias das partes não impedirão o exercício de seus direitos, será obviamente mais difícil para a contraparte produzir a prova de que legitimamente confiou de que a omissão ou tolerância da outra configuraria uma suposta renúncia ao direito em questão. Não há, contudo, como se descartar de pronto a possibilidade de incidência de figuras como a *suppressio* a despeito da inclusão da cláusula de *no waiver* em contrato.

Basicamente, entende-se que a cláusula de *no waiver* será válida e eficaz, exceto quando o julgador entender que a cláusula acabou por, dadas as circunstâncias do caso concreto, permitir o exercício abusivo de direito contratual. Pode-se dizer que, por mais que haja diferenças relevantes entre os sistemas jurídicos em que aplicada a cláusula de *no waiver*, muitas vezes esses sistemas jurídicos acabam por dar soluções similares aos mesmos problemas, apesar das diferenças de desenvolvimento histórico, estrutura conceitual e estilo de operação[552].

Sumarizando em tópicos, as conclusões alcançadas quanto à validade e eficácia da cláusula de *no waiver* no direito brasileiro são as seguintes: (a) A cláusula de *no waiver* existe e é válida, visto que possível às partes

[552] ZWEIGERT, Konrad; KÖTZ, Hein. **An Introduction to Comparative Law.** Trad. Tony Weir. New York: Oxford, 1998, p. 39.

pactuarem como seus comportamentos serão interpretados ao longo da execução contratual; (b) não há causa para a nulidade ou anulabilidade da cláusula de *no waiver*, tendo em vista que o objeto pactuado é lícito e não viola disposições de ordem pública; (c) via de regra, a cláusula de *no waiver* será eficaz como um critério por meio do qual os comportamentos das partes deverão ser interpretados pelo julgador; (d) quando a aplicação de cláusula implicar abuso do direito contratual que se afirma por meio dela, por existirem legítimas expectativas da contraparte, a cláusula terá sua eficácia limitada, aplicando-se, portanto, a doutrina do abuso de direito, por meio da figura parcelar da *suppressio*, visto que a boa-fé objetiva, fundamento desta doutrina, é parte integrante da ordem pública brasileira; (e) apesar disso, a cláusula influenciará, de certa forma, na incidência da *suppressio*, tendo em vista que a sua previsão em contrato poderá afetar o entendimento do julgador sobre a criação de expectativas legítimas, elevando o parâmetro para sua configuração.

O que também se pode concluir do exame feito é que muitas vezes institutos ou modelos de outros sistemas jurídicos são verdadeiramente transplantados (de forma atécnica) a sistemas de cultura jurídica completamente distintos, sem que se pense que tal "transplante" possa trazer consequências não só à eficácia da cláusula, mas à aplicabilidade das normas vigentes do ordenamento. Apesar de a inspiração no direito estrangeiro ser uma das grandes formas por meio das quais o direito local tende a se desenvolver, a circularização dos modelos jurídicos não deve ser feita de maneira abrupta, devendo-se considerar se aquele modelo em específico se encaixa no sistema local, se tem os mesmos efeitos ou se se deve esperar uma eficácia distinta.

No entanto, a prática jurídica muitas vezes não pode aguardar tais reflexões profundas sobre os efeitos que um determinado modelo jurídico produzirá em determinada jurisdição. Acaba por ser, dessa forma, o trabalho da doutrina e do direito comparado conformar a prática ao direito local, categorizando, delimitando sua validade e eficácia. Este é, ao fim e ao cabo, o esforço que foi feito neste livro.

Não há como se negar a existência e a pactuação de cláusulas recorrentes nos contratos brasileiros, até mesmo entre partes exclusivamente brasileiras. Logo, a solução não será negar a eficácia e a validade da cláusula de *no waiver*, mas sim compatibilizar a intenção das partes ao celebrar tal cláusula com as regras cogentes do nosso direito.

REFERÊNCIAS

AGUIAR JÚNIOR, Ruy Rosado de. Arbitragem, os Precedentes e a Ordem Pública. *In*: BRASIL. Superior Tribunal de Justiça. **Doutrina**: edição comemorativa 30 anos do STJ. Brasília, 2019, p. 193-224.

ALEMANHA. **Bundesgerichtshof**. Urteil v. 14.11.2002, VII ZR 23/02. Dr. Dressler, Karlsruhe, 14 nov. 2002.

ALMEIDA COSTA, Mário Júlio de. **Direito das Obrigações**. 12ª ed. Coimbra: Almedina, 2009.

ALPA, Guido. Princípios Gerais e Direito dos Contratos: um inventário de dicta e de questões. *In*: PINTO MONTEIRO, António (coord.). **Contratos**: actualidade e evolução. Porto: Universidade Católica Portuguesa, 1997, p. 101-110.

ALVIM, Agostinho. **Da inexecução das obrigações e suas conseqüências**. 5ª ed. São Paulo: Saraiva, 1980.

AMARAL, Francisco. **Direito Civil**: introdução. 8ª ed. Rio de Janeiro: Renovar, 2014.

AMORIM FILHO, Agnelo. Critério científico para distinguir a prescrição da decadência e para identificar as ações imprescritíveis. **Revista de Direito Processual Civil**, São Paulo, v. 3, p. 95-132, jan./jun. 1961.

ANCEL, Marc. **Utilidade e Métodos do Direito Comparado**. Trad. Sérgio Porto. Porto Alegre: Sérgio Antônio Fabril Editor, 1980.

ANDRADE, Darcy Bessone de Oliveira. **Aspectos da Evolução da Teoria dos Contratos**. São Paulo: Saraiva, 1949.

ÁVILA, Humberto. **Teoria dos Princípios**: da definição à aplicação dos princípios jurídicos. 16ª ed. São Paulo: Malheiros, 2015.

AZEVEDO, Antônio Junqueira de. **Negócio Jurídico**: existência, validade e eficácia. 4ª ed. São Paulo: Saraiva, 2002.

BAPTISTA MACHADO, João. **Obra Dispersa**, v. I. Braga: Scientia Ivridica, 1991, p. 345-423.

BARBOSA MOREIRA, José Carlos. Notas sobre Pretensão e Prescrição no Sistema do Novo Código Civil Brasileiro. **Revista da Academia Brasileira de Letras Jurídi-

cas, Rio de Janeiro, n. 22, p. 147-158, 2002.

BÉNABENT, Alain. **Droit des Obligations**. 18ª ed. Issy-les-Moulineaux: LGDJ, 2019.

BENETTI, Giovana. A Aceitação pelo Silêncio na Convenção de Viena das Nações Unidas sobre Contratos de Compra e Venda Internacional de Mercadorias (CISG) e no Código Civil Brasileiro. *In*: SCHWENZER, Ingeborg; PEREIRA, Cesar A. Guimarães; TRIPODI, Leandro. **A CISG e o BRASIL**: Convenção das Nações Unidas para os Contratos de Compra e Venda Internacional de Mercadorias. São Paulo: Marcial Pons, 2015, p. 261-291.

BENETTI, Giovana *et al.* (org.). **Direito, Cultura, Método**: leituras da obra de Judith Martins-Costa. Rio de Janeiro: GZ, 2019.

BENETTI, Giovana; XAVIER, Rafael Branco; WEBBER, Pietro Benedetti Teixeira. Comentário 2º, IV da LLE. *In:* MARTINS-COSTA, Judith; NITSCHKE, Guilherme. **Direito Privado na Lei da Liberdade Econômica:** comentários. São Paulo: Almedina, 2022, no prelo.

BETTI, Emilio. **Teoria Generale del Negozio Giurídico**. Napoli: Edizioni Scientifiche Italiane, 2002.

BEVILAQUA, Clovis. **Código Civil dos Estados Unidos do Brasil Commentado**. 7ª ed. Rio de Janeiro: Francisco Alves, 1947.

BEVILAQUA, Clovis. **Teoria Geral do Direito Civil**. 2ª ed. Atual. Caio Mario da Silva Pereira. Rio de Janeiro: Francisco Alves, 1976.

BIX, Brian. **Contract Law**: rules, theory, and context. Cambridge: Cambridge University Press, 2012.

BORDA, Alejandro. **La Teoria de Los Actos Proprios**. Buenos Aires: Abeledo Perrot, 2000.

BRASIL. **Lei nº 10.406, de 10 de janeiro de 2002.** Institui o Código Civil. Brasília, DF: Presidência da República, [2002]. Disponível em: http://www.planalto.gov.br/ccivil_03/leis/2002/l10406.htm. Acesso em: 23 jun. 2022.

BRASIL. Ministério da Justiça. **Exposição de Motivos nº 00083/2019**. Brasília, DF: Presidência da República, [2019]. Disponível em: https://www2.camara.leg.br/legin/fed/medpro/2019/medidaprovisoria-881-30-abril-2019-788037-exposicaodemotivos-157846-pe.html. Acesso em: 08 mar. 2022.

BRASIL. Superior Tribunal de Justiça (3. Turma). **REsp 1202514/RS**. Relatora: Min. Nancy Andrighi. Julgado em: 21 jun. 2011, DJe: 30 jun. 2011. Disponível em: https://processo.stj.jus.br/processo/revista/documento/mediado/?componente=ITA&sequencial=1072785&num_registro=201001239907&data=20110630&formato=PDF. Acesso em: 01 jul. 2022.

BRASIL. Superior Tribunal de Justiça (4. Turma). **Agravo Interno nos Embargos de Declaração no Agravo em Recurso Especial 1294253/MT**. Relatora: Min. Maria Isabel Gallotti. Julgado em: 07 maio 2019, DJe: 10 maio 2019. Disponível em: https://processo.stj.jus.br/processo/revista/documento/mediado/?componente=ITA&sequencial=1821885&num_registro=201801152071&data=20190510&peticao_numero=201900096500&formato=PDF. Acesso em: 23 jun. 2022.

BRASIL. Superior Tribunal de Justiça (4. Turma). **Recurso Especial 214.680/SP**. Relator: Min. Ruy Rosado de Aguiar. Brasília, DF, 16 nov. 1999. Disponível em: https://processo.stj.jus.br/SCON/jurisprudencia/toc.jsp?livre=%28RESP.clas.+e+%40num%3D%22214680%22%29+ou+%28RESP+adj+%22214680%22%29.suce. Acesso em: 23 jun. 2022.

CABRAL, Érico de Pina. A "Autonomia" no Direito Privado. **Revista de Direito Privado**, v. 19, p. 83-129, 2004.

CALLEROS, Charles. Cause, Consideration, Promissory Estoppel, and Promises Under Deed: What Our Students Should Know About Enforcement of Promises in a Historical and International Context. **Chicago-Kent Journal of International and Comparative Law**, v. 13, n. 2, p. 83-120, jan. 2013.

CAMPBELL, David; COLLINS, Hugh. Discovering the Implicit Dimensions of Contracts. *In*: CAMPBELL, David; COLLINS, Hugh; WIGHTMAN, John (ed.). **Implicit Dimensions of Contract**: discrete, relational and network contracts. Oxford: Hart Publishing, 2003, p. 25-50.

CANARIS, Claus Wilhelm. A Liberdade e Justiça Contratual na "Sociedade de Direito Privado". *In*: PINTO MONTEIRO, António (coord.). **Contratos**: actualidade e evolução. Porto: Universidade Católica Portuguesa, 1997, p. 49-66.

CARBONNIER, Jean. **Droit Civil**: Les Biens, Les Obligations. Tome II. Paris: PUF, 2017.

CARNEIRO DA FRADA, Manuel Antônio de Castro Portugal. **Teoria da Confiança e Responsabilidade Civil**. Coimbra: Almedina, 2004.

CARTWRIGHT, John. **Contract Law**: an introduction to the English Law of Contract for the Civil Lawyer. 2ª ed. Portland: Bloomsbury, 2016. *E-book*.

CAVALCANTI, José Paulo. **Da Renúncia no Direito Civil**. Rio de Janeiro: Forense, 1958.

CHIOVENDA, Giuseppe. **Instituições de Direito Processual Civil**, v. I. 2ª ed. Trad. J. Guimarães Menegale. São Paulo: Saraiva, 1965.

COMIRAN, Giovana. **Os usos Comerciais**: da formação dos tipos à interpretação e integração dos contratos. São Paulo: Quartier Latin, 2019.

CORDERO-MOSS, Giuditta. **Anglo-American Contract Models and Norwegian or Other Civilian Governing Law**: introduction and method. Oslo: AiT, 2007.

CORDERO-MOSS, Giuditta (ed.). **Boilerplate Clauses, International Commercial Contracts and the Applicable Law**. New York: Cambridge University, 2011.

CORRÊA, Bruno Tostes. Cláusula obstativa à *suppressio*: Comentário à Apelação Cível 1006269.29.2017.8.26.0071/TJSP.

Revista de Direito Civil Contemporâneo, v. 23, n. 7, p. 443-455, 2020.

COUTO E SILVA, Almiro do. **Conceitos Fundamentais do Direito no Estado Constitucional**. São Paulo: Malheiros, 2015, p. 123-167.

COUTO E SILVA, Clóvis do. **A obrigação como processo**. Rio de Janeiro: Editora FGV, 2006

COVELLO, Sergio Carlos. **A presunção em matéria civil**. São Paulo: Saraiva, 1983.

CUNHA DE SÁ, Fernando Augusto. **Abuso de Direito**. Lisboa: Ministério das Finanças, 1973.

DAVID, René; JAUFFRET-SPINOSI, Camille; GORÉ, Marie. **Les grands systèmes de droit contemporains**. 12ª ed. Paris: Dalloz, 2016.

DEL DUCA, Patrick. Boilerplate in Commercial Contracts. *In*: ALPA, Guido (org.). **Le Clausole dei Contratti del Commercio Internazionale:** seminario del 20 giugno 2014. Milano: Giuffrè, 2016, p. 73-77.

DICKSTEIN, Marcelo. **A boa-fé objetiva na modificação tácita da relação jurídica: surrectio e suppressio**. Rio de Janeiro: Lumen Juris, 2010.

DUDDINGTON, John. **Essentials of Equity and Trusts Law**. Essex: Pearson Education, 2006.

DUTRA, Deo Campos. Transplantes Jurídicos: história, teoria e crítica no Direito Comparado. **Revista da Faculdade de Direito da UFRGS**, Porto Alegre, n. 39, p. 76-96, dez. 2018.

EISENBERG, Melvin A. **Foundational Principles of Contract Law**. New York: Oxford University Press, 2018.

ESTADOS UNIDOS. Supreme Court of Nebraska. **Appeal n. 8526, 57 Neb. 51**, Ricketts v. Scothorn, Judge Surmivan, Lincoln, Nebraska, 8 dez. 1898.

FARNSWORTH, Allan E. **Contracts**. 4ª ed. New York: Aspen Publishers, 2004.

FERNANDES, Wanderley. **Cláusulas de Exoneração e de Limitação de Responsabilidade**. São Paulo: Saraiva, 2013.

FERREIRA DA SILVA, Luis Renato. A Interpretação contratual e a sua sistemática no Código Civil de 2002 após o advento da lei 13.874/2019. *In*: BARBOSA, Henrique; FERREIRA DA SILVA, Jorge Cesa. **A Evolução do Direito Empresarial e Obrigacional:** 18 anos do Código Civil, v. II. São Paulo: Quartier Latin, 2021, pp. 397-415.

FERREIRA DA SILVA, Luis Renato. Autonomia Privada e Usos Negociais Empresariais. *In*: MARTINS-COSTA, Judith (coord.). **Conversa sobre Autonomia Privada**. Canela: Instituto de Estudos Culturalistas, 2015, p. 21-33.

FLUME, Werner. **Allgemeiner Teil des Bürgerlichen Rechts**. 3ª ed. Berlin: Springer, 1979.

FONTAINE, Marcel; DE LY, Filip. **Drafting International Contracts**: an analysis of contract clauses. Arsdley: Transnational Publishers, 2006.

FRADERA, Vera. Parecer: interpretação de contrato de distribuição à luz da boa-fé objetiva sob o enfoque da doutrina alemã. **Revista dos Tribunais**, v. 989, p. 439-462, 2018.

GHESTIN, Jacques. L'utile et le juste dans les contrats. **Archives de philosophie du droit**, v. 26, p. 36-57, 1981.

GHOZI, Alain. **La Modification de L'Obligation par la Volonté des Parties**: étude de Droit Civil français. Paris: LGDJ, 1980.

GILMORE, Grant. **The death of contract**. Columbus: Ohio State University Press, 1995.

GOMES, Orlando. **Contratos**. 26ª ed. Atual. Antonio Junqueira de Azevedo e Francisco Paulo De Crescenzo Marino. Rio de Janeiro: Forense, 2008.

GRAS, Nicolas. **Essai sur les clauses contractuelles**. Paris: LGDJ, 2015.

GRAZIADEI, Michele. Legal Transplants and the Frontiers of Legal Knowledge. **Theoretical Inquiries in Law**, v. 10, n. 2, p. 723-744, jul. 2009.

GREZZANA, Giacomo. **A Cláusula de Declarações e Garantias em Alienação de Participação Societária**. São Paulo: Quartier Latin, 2019.

HAICAL, Gustavo. Apontamentos sobre o Direito Formativo Extintivo de Denúncia no Contrato de Agência. *In*: MARTINS-COSTA, Judith (Org.). **Modelos de Direito Privado**. São Paulo: Marcial Pons, 2014, p. 294-331.

HAZARD, George. C. The Early Evolution of the Common Law Writs: A Sketch. **The American Journal of Legal History**, v. 6, n. 2, 115-122, 1962.

HEALY, Thomas H. Théorie Générale de L'Ordre Public. *In*: **Collected Courses of the Hague Academy of International Law**. Vol. IX. The Hague: Hague Academy, 1925.

HELLERINGER, Geneviève. **Les Clauses du Contrat**: essai de typologie. Paris: LGDJ, 2012.

HEPBURN, Samantha. **Principles of Equity and Trusts**. 2ª ed. London: Cavendish Publishing, 2001.

HUDSON, Alastair. **Equity and Trusts**. 6ª ed. New York: Routledge-Cavendish, 2010.

HUDSON, Alastair. **Understanding Equity and Trusts**. London: Routledge-Cavendish, 2001.

JAUFFRET-SPINOSI, Camille. Le Contract: Rapport de Synthèse. *In*: **Travaux de L'Association Henri Capitant des Amis de La Culture Juridique Française**. Tome LV. Paris: Société de Législation Comparée, 2005, p. 01-22.

KARIMI, Abbas. **Les Clauses Abusives et La Théorie de L'Abus de Droit**. Paris: LGDJ, 2001.

KELEMEN, R. Daniel; SIBBITT, Eric C. The Globalization of American Law. **International Organization**, v. 58, n. 1, Cambridge: Cambridge University Press, 2004, p. 103-136.

LEGRAND, Pierre. The Impossibility of Legal Transplants. **Maastricht Journal of European and Comparative Law**, v. 4, n. 2, p. 111-124, 1997.

LOS MOZOS, José Luis de. **El Principio de la Buena fe**: sus aplicaciones prácticas em el Derecho Civil español. Barcelona: Bosch, 1965.

MARINO, Francisco Paulo De Crescenzo. **Interpretação do Negócio Jurídico**. São Paulo: Saraiva, 2011.

MARTINS, Pedro Baptista. **O Abuso do Direito e o Ato Ilícito**. Rio de Janeiro: Forense, 1997.

MARTINS-COSTA, Fernanda Mynarski. **Execução diferida do contrato em operações de fusões e aquisições (F&A) de sociedades anônimas**: análise de aspectos contratuais e societários. 2021. 193 f. Tese (Doutorado em Direito) – Faculdade de Direito da Universidade de São Paulo, São Paulo, 2021.

MARTINS-COSTA, Judith. **A Boa-Fé no Direito Privado**: critérios para sua aplicação. 2. ed. São Paulo: Saraiva, 2018.

MARTINS-COSTA, Judith. A linguagem da responsabilidade civil. *In*: BIANCHI, José Flávio; MENDONÇA PINHEIRO. Rodrigo Gomes de; ARRUDA ALVIM, Teresa (Coords.). **Jurisdição e Direito Privado**: Estudos em homenagem aos 20 anos da Ministra Nancy Andrighi no STJ. São Paulo: Revista dos Tribunais, 2020, p. 389-418.

MARTINS-COSTA, Judith. Autoridade e utilidade da doutrina: a construção dos modelos doutrinários. *In*: MARTINS-COSTA, Judith. **Modelos de Direito Privado**. São Paulo: Marcial Pons, 2014, p. 9-40.

MARTINS-COSTA, Judith. Contratos. Conceito e Evolução. *In*: LOTUFO, Renan; NANNI, Giovanni Ettore. **Teoria Geral dos Contratos**. São Paulo: Atlas, 2011, p. 23-66.

MARTINS-COSTA, Judith. De princípios, regras, ficções e presunções (e de algumas confusões). *In*: MITIDIERO, Daniel; ADAMY, Pedro (Coords.). **Direito, Razão e Argumento**: a reconstrução dos fundamentos democráticos e republicanos do direito público com base na teoria do direito. *Liber Amicorum* Professor Humberto Ávila. São Paulo: Malheiros, 2020, p. 353-366.

MARTINS-COSTA, Judith. Os Dilemas da Incoerência. *In*: NEVES, José Roberto de Castro. **Ele, Shakespeare, visto por nós, os advogados.** Rio de Janeiro: Edições de Janeiro, 2017, p. 157-166.

MARTINS-COSTA, Judith. Os Regimes do Dolo no Direito Brasileiro: dolo antecedente, vício informativo por omissão e por comissão, dolo acidental e dever de indenizar. **Revista dos Tribunais**, vol. 923, p. 115-143, set. 2012.

MARTINS-COSTA, Judith. Princípio da Confiança Legítima e Princípio da Boa-Fé Objetiva. Termo de Compromisso de Cessação (TCC) Ajustado Com o CADE. Critérios da Interpretação Contratual: Os "Sistemas De Referência Extracontratuais" ("Circunstâncias Do Caso") e sua Função no Quadro Semântico da Conduta Devida. Princípio da Unidade ou Coerência Hermenêutica e "Usos Do Tráfego". Adimplemento Contratual. **Revista dos Tribunais**, v. 852, p. 87-126, 2006.

MARTINS-COSTA, Judith; BRANCO, Gerson. **Diretrizes Teóricas do Novo Código Civil Brasileiro**. São Paulo; Saraiva, 2002.

MARTINS-COSTA, Judith; COSTA E SILVA, Paula. **Crise e Perturbações no Cumprimento da Prestação**. São Paulo: Quartier Latin, 2020.

MELLO, Marcos Bernardes de. **Teoria do Fato Jurídico**: plano da existência. 22ª ed. São Paulo: Saraiva, 2019.

MELLO, Marcos Bernardes de. **Teoria do Fato Jurídico**: plano da validade. 15ª ed. São Paulo: Saraiva, 2019.

MELO, Diogo Leonardo Machado de. Arts. 186 a 188. *In*: NANNI, Giovani Ettore (org.) **Comentários ao Código Civil**: Direito Privado Contemporâneo. São Paulo: Saraiva, 2021, p. 194-204.

MENEZES CORDEIRO, Antônio Manuel da Rocha e. **Da Boa-fé no Direito Civil**. Coimbra: Almedina, 2014.

MENKE, Fabiano. A interpretação das cláusulas gerais: a subsunção e a concreção dos conceitos. **Revista de Direito do Consumidor**, v. 50, p. 9-35, jun. 2004.

MENKE, Fabiano. Arts. 104 a 185. *In*: NANNI, Giovani Ettore (org.) **Comentários ao Código Civil**: Direito Privado Contemporâneo. São Paulo: Saraiva, 2021, p. 205-248.

MILHAC, Oliver. **La Notion de Condition dans les Contract à Titre Onéreux**. Paris: LGDJ, 2001.

MIRAGEM, Bruno. **Abuso do direito**. Rio de Janeiro: Forense, 2009.

MONZON, Jose Maria. The Growing Role of American Legal Culture. **FIU Law Review**, v. 4, n. 1, p. 5-16, 2008.

MOTA PINTO, Paulo. **Declaração Tácita e Comportamento Concludente no Negócio Jurídico**. Coimbra: Almedina, 1995.

MUÑOZ, Edgardo. Teaching Comparative Contract Law through the CISG. **Indonesian Journal of International & Comparative Law**, v. 4, p. 725-760, out. 2017.

NEGREIROS, Teresa. **Teoria dos Contratos**: novos paradigmas. 2ª ed. Rio de Janeiro: Renovar, 2006.

NEVES, Julio Gonzaga Andrade. **A suppressio (Verwirkung) no Direito Civil**. São Paulo: Almedina, 2016.

NITSCHKE, Guilherme Carneiro Monteiro. **Lacunas Contratuais e Interpretação**: história, conceito e método. São Paulo: Quartier Latin, 2019.

ODY, Lisiane Feiten Wingert. Direito e Linguagem. *In*: ODY, Lisiane Feiten Wingert (org.). **Direito Comparado Alemanha-Brasil**: temas de direito privado em estudos originais e traduzidos. Porto Alegre: Faculdade de Direito da UFRGS, 2022, p. 09-20.

OGILVIE, M. H. Entire Agreement Clauses: neither riddle nor enigma. **La Revue du Barreau Canadien**, v. 87, p. 625-647, 2008.

OLIVEIRA, Carlos Alberto Alvaro de. Presunções e Ficções no Direito Probatório. **Revista de Processo**, v. 196, p. 13-20, 2011.

PARGENDLER, Mariana. O direito contratual comparado em nova perspectiva: revisitando as diferenças entre os sistemas romano-germânico e de *Common Law*. **Revista Direito FGV**, São Paulo, v. 13, n. 3, p. 796-826, set./dez. 2017.

PEEL, Edwin. The Common Law tradition: application of boilerplate clauses under English Law. *In*: CORDERO-MOSS, Giuditta (ed.). **Boilerplate Clauses, International Commercial Contracts and the Applicable Law**. New York: Cambridge University, 2011, p. 129-178.

PERELL, Paul M. A Riddle inside an Enigma: the entire agreement clause. **Advocates' Quarterly**, v. 20, n. 3, p. 287-303, maio 1998.

PERILLO, Joseph M. **Contracts**. 7ª ed. Saint Paul: LEG Inc., 2014. *E-book*.

PONTES DE MIRANDA, Francisco Cavalcanti. **Tratado de Direito Privado**, t. I. São Paulo: Revista dos Tribunais, 1977.

PONTES DE MIRANDA, Francisco Cavalcanti. **Tratado de Direito Privado**, t. III. São Paulo: Borsoi, 1970.

PONTES DE MIRANDA, Francisco Cavalcanti. **Tratado de Direito Privado**. t. IV. São Paulo: Borsoi, 1970.

PONTES DE MIRANDA, Francisco Cavalcanti. **Tratado de Direito Privado**, t. V. São Paulo: Borsoi, 1970.

PONTES DE MIRANDA, Francisco Cavalcanti. **Tratado de Direito Privado**, t. VI. São Paulo: Borsoi, 1970.

RADIN, Margaret Jane. **Boilerplate**: the fine print, vanishing rights and the rule of Law. New Jersey: Princeton University Press, 2013.

RÁO, Vicente. **Ato Jurídico**. 4ª ed. São Paulo: Revista dos Tribunais, 1999.

REALE, Miguel. A boa-fé no Código Civil. **Miguel Reale**. [*S. l.*], 16 ago. 2003. Disponível em: http://www.miguelreale.com.br/index.html. Acesso em: 19 abr. 2022.

REALE, Miguel. **Fontes e Modelos do Direito**: um novo paradigma hermenêutico. São Paulo: Saraiva, 1994.

REALE, Miguel. Prefácio. *In*: MARTINS-COSTA, Judith; BRANCO, Gerson. **Diretrizes Teóricas do Novo Código Civil Brasileiro**. São Paulo; Saraiva, 2002, p. IX-XI.

REINO UNIDO. Court of Appeal. **2 KB 215**, Combe v. Combe, Judge Denning LJ, Westminster, 6 mar. 1951.

REINO UNIDO. High Court. **KB 130**, Central London Property Trust v High Trees House. Judge Denning, 18 jul. 1946.

REINO UNIDO. House of Lords. **Ap. Cas. 439**, Hughes v Metropolitan Railway Co. Judge Lord Cairns LC, Westminster, 5 jun. 1877.

REYNAUD, Lucien-Henri-Camille. **L'Abus de Droit**. Paris: Librairie Nouvelle de Droit et de Jurisprudence, 1904.

RIO DE JANEIRO. Tribunal de Justiça do Rio de Janeiro. **Apelação 0194937-12.2017.8.19.0001**. Relatora: Des(a). Denise Nicoll Simões. DJe: 10 dez. 2019. Disponível em: http://www1.tjrj.jus.br/gedcacheweb/default.aspx?UZIP=1&GEDID=0004B09BC584DD23467E7F519A1C2585D59CC50B4E316352&USER=. Acesso em: 28 jun. 2022.

RIO GRANDE DO SUL. Tribunal de Justiça do Rio Grande do Sul. **Apelação Cível nº 70072603467**. Relator:

Mylene Maria Michel. Julgado em: 17 ago. 2017. DJe: 24 ago. 2017 Disponível em: https://www.tjrs.jus.br/buscas/jurisprudencia/exibe_html.php. Acesso em: 28 jun. 2022.

RIPERT, Georges. **Le Régime Démocratique et le Droit Civil Moderne**. Paris: LGDJ, 1936.

ROPPO, Enzo. **O Contrato**. Trad. Ana Coimbra e Manuel Januário da Costa Gomes. Coimbra: Almedina, 2009.

SABADIN, Mariana. **Autonomia Privada e Licença para Mentir**: uma investigação sobre a possibilidade de limitação contratual da responsabilidade por dolo. 2015. 100 f. Dissertação (Mestrado em Direito) – Fundação Getúlio Vargas, São Paulo, 2015.

SACCO, Rodolfo. **Introdução ao Direito Comparado**. Trad. Véra Jacob de Fradera. São Paulo: Revista dos Tribunais, 2011.

SACCO, Rodolfo. Legal Formants: a dynamic approach to comparative Law. **The American Journal of Comparative Law**, v. 39, n. 2, p. 343-401, 1991.

SANSEVERINO, Paulo de Tarso Vieira. **Contratos Nominados II**. São Paulo: Revista dos Tribunais, 2006.

SÃO PAULO. Tribunal de Justiça de São Paulo. **Apelação Cível 1006269-29.2017.8.26.0071**. Relator: Airton Pinheiro de Castro. Julgado em: 01 jul. 2020, DJe: 02 jul. 2020.

SÃO PAULO. Tribunal de Justiça. **Apelação Cível 1031757-59.2018.8.26.0100**. Relator: Maurício Pessoa. Julgado em: 18 maio 2021, DJe: 26 maio 2021.

SÃO PAULO. Tribunal de Justiça. **Apelação Cível 1002383-61.2019.8.26.0100**. Relatora: Daise Fajardo Nogueira Jacot. Julgado em: 24 nov. 2021, DJe: 24 nov. 2021.

SÃO PAULO. Tribunal de Justiça. **Apelação Cível 1007712-98.2017.8.26.0011**. Relator: L. G. Costa Wagner. Julgado em: 29 jul. 2019, DJe: 30 jul. 2019.

SCALCO, Gabriela Barcellos; PASQUALOTTO, Victória Franco. O Decurso do Tempo no Direito Privado: Prescrição e Decadência. *In*: ODY, Lisiane Feiten Wingert. **Direito Comparado Alemanha-Brasil**: temas de direito privado em estudos originais e traduzidos, v. II. Porto Alegre: Faculdade de Direito da UFRGS, 2022, pp. 195-221.

SCHMIDT, Jan Peter. Die Rezeption Deutschen Rechtsdekens in Brasilien am Beispiel der Lehre von Treu und Glauben. *In*: GRUNDMAN, Stefan *et al*. **Schrifen zum Portugiesichen um Lusophonen Recht**. Band 6. Baden Baden: Nomos, 2014, p. 192-212.

SCHMIDT, Jan Peter. Vida e obra de Pontes de Miranda a partir de uma perspectiva alemã – Com especial referência à tricotomia "existência, validade e eficácia do negócio jurídico". **Revista Fórum de Direito Civil**, ano 3, n. 5, p. 135-158, jan./abr. 2014.

SCHUBERT, Claudia. BGB § 242. *In*: SÄCKER, Franz (org.). **Münchener Kommentar zum Bürgerlichen Gesetzbuch**. v. II. 8ª ed. München: C.H. Beck, 2019, p. 1-659.

SERPA LOPES, Miguel Maria de. **Comentários à Lei de Introdução ao Código Civil**, v. I. 2ª ed. Rio de Janeiro: Freitas Bastos, 1959.

SERPA LOPES, Miguel Maria de. **O Silêncio como Manifestação da Vontade**. 3. ed. Rio de Janeiro: Freitas Bastos, 1961.

SIEBERT, Wolfgang. **Verwirkung und Unzulässogkeit der Rechtsausübung**. Marburg in Hessen: N. G. Elwert'sche Verlagsbuchhandlung, 1934.

SINGH, Arun. **Business and Contract Law**. London: Thorogood, 2010.

STARK, Tina L. **Drafting Contracts**: how and why Lawyers do what they do. 2ª ed. New York: Wolters Kluwer Law & Business, 2014. *E-book.*

SUTSCHET, Holger. BGB § 242 Leistung nach Treu und Glauben. *In*: BAMBERGER, Heinz Georg; ROTH, Herbert; HAU, Wolfgang; POSECK, Roman. **Bech'scher Online Kommentar BGB**. 55ª ed. [2020].

TAVARES, José. **Os princípios fundamentais do direito civil**, v. I. 2ª ed. Coimbra: Coimbra Editora, 1929.

THEODORO JÚNIOR, Humberto. Distinção Científica entre Prescrição e Decadência: um tributo à obra de Agnelo Amorim Filho. **Revista dos Tribunais**, v. 836, p. 49-68, 2005.

TREITEL, Guenter. **The Law of Contract**. 11ª ed. London: Sweet & Maxwell Limited, 2003.

TUTIKIAN, Priscila David Sansone. Silêncio como Declaração Negocial na Formação dos Contratos (sob a perspectiva dos modelos hermenêuticos de Miguel Reale). *In*: MARTINS-COSTA, Judith. **Modelos de Direito Privado**. São Paulo: Marcial Pons, 2014, p. 145-176.

VALLADÃO, Erasmo. A conduta dos associados como regra de interpretação dos estatutos de uma associação. *In*: VALLADÃO, Erasmo. **Temas de Direito Societário, Falimentar e Teoria da Empresa**. São Paulo: Malheiros, 2009, p. 175-184.

VAZ, Marcela Campinho. **Renúncia de Direitos**: limites e parâmetros de aplicação no Direito Civil. 2019. 182 f. Dissertação (Mestrado – Direito) - Universidade do Estado do Rio de Janeiro, Rio de Janeiro, 2019.

VELOSO, Zeno. Fato jurídico - ato jurídico – negócio jurídico. **Revista de Direito Civil: Imobiliário, Agrário e Empresarial**, São Paulo, n. 74, p. 87-95, out. 1995.

VETTESE, Maria Celeste. Multinational companies and national contracts. *In*: CORDERO-MOSS, Giuditta (ed.). **Boilerplate Clauses, International Commercial Contracts and the Applicable Law**. New York: Cambridge University, 2011, p. 20-32.

VICENTE, Dário Moura. Autonomia Privada e Direito Comparado: os diferentes significados. *In*: MARTINS-COSTA, Judith (coord.). **Conversa sobre Autonomia Privada**. Canela: Instituto de Estudos Culturalistas, 2015, p. 146-160.

VICENTE, Dário Moura. **Direito Comparado**, v. II. Lisboa: Almedina, 2017.

VON TUHR, Andreas. **Parte General del Derecho Civil**. Trad. Wenceslao Roces. Granada: Comares, 2006.

WADE, Gordon. A Matter of Interpretation: constructing and interpreting commercial contracts under Common Law and the Convention on the International Sale of Goods. **Global Journal of Comparative Law**, v. 4, n. 1, p. 01-42, 2015.

WATSON, Alan. **Legal Transplants and European Private Law**. Belgrade: University of Belgrade School of Law, 2016.

WIEACKER, Franz. **El Principio General de La Buena Fe**. Trad. Jose Luiz Carro. Madrid: Editorial Civitas S.A, 1977.

YNTEMA, Hessel. E. Equity in the Civil Law and the Common Law. **The American Journal of Comparative Law**, v. 15, n. 1-2, p. 60-86, 1966.

ZANETTI, Cristiano de Sousa. **Direito Contratual Contemporâneo**: a liberdade contratual e sua fragmentação. São Paulo: Método, 2008.

ZARFE, David; BLOOM, Michael. **Contracts and Commercial Transactions.** New York: Wolters Kluwer, 2011. *E-Book.*

ZWEIGERT, Konrad; KÖTZ, Hein. **An Introduction to Comparative Law**. Trad. Tony Weir. New York: Oxford, 1998.